머 리 말

아이 엠 에프가 몰고온 경기불황으로 산업계가 겪어야 할 진통은 너무도 감내하기 어려운 고통이었다.

이 아픔을 이겨내지 못하고 수많은 기업들이 문을 닫거나 휘청거렸다. 이 때문에 애꿎은 근로자들은 일터를 잃고 생활고에 위협을 받아야 했으며, 일부 생산업체의 도산은 영세부품 하청업체의 순장(殉葬)까지 강요하는 처지에 이르렀다.

본시 우리나라의 대기업은 태생적으로 육이오의 폐허를 딛고 일어선 불운의 기업들이다. 이들 기업이 지난날의 영화를 일구어낸 것은 바로 「원점의 정신」탓이다.

원점의 정신이란 「허리띠를 졸라매고 배고팠던 옛시절로 돌아간다」는 제로(zero)사상을 말한다.

이런 논리는 오늘의 신세대 생리와는 괴리(乖離)가 있지만 이 사고야말로 오늘의 위기에서 탈출할 수 있는 유일한 삶의 수단이며 정곡의 철학이기도 하다.

본서 「장사통이 되는 100가지 이야기」는 극심한 불황 속에서 고군분투하는 경영자들에게 또는 새로 사업을 시작하는 창업자에게 조금이나마 도움을 주려는 염원에서 저자의 단편적인 견해와 주장을 에세이 형태로 엮어 보았다. 아무쪼록 이 한 권의 책이 부디 사업 경영에 일조가 되기를 바라마지 않는다.

1999년 5월 초
지은이 김상열

차 례

차 례

차 례

장사꾼이 살아남으려면…

우리가 사용하는 속어가운데 「죽기 아니면 살기」라는 말이 있다.

오늘의 장사꾼에게는 바로 이런 의지가 필요하다. 무릇 뜻을 이루려고 하는 사람치고 집념과 근성이 강하지 않은 사람이 없다. 오늘을 살아가는 비즈니스맨들에겐 꼭 필요한 자질이라고 하겠다.

이 시대가 요구하는 생리에 적응하는 사람은 살아남을 수 있지만 그렇지 못한 사람은 도태(淘汰)될 수밖에 없다.

몇 년동안 우리의 허파에 잔뜩 바람을 불어넣었던 거품(bubble)경제가 썰물처럼 걷히면서 생산을 비롯하여 유통 및 소비 시장은 깊은 늪지대로 빠져들고 있다. 우리는 이것이 일시적인 불황이라고 자위(自慰)해 보지만 보는 사람의 관점에 따라서는 그것을 불황 이상으로 격상시켜 「파국(破局)」으로 보는 사람도 많다. 어쨌든 장사는 그 어느 때보다 힘들고 어려워졌다. 그래서 가게문을 닫는 사람도 적지 않다.

그렇다면 어떻게 해야 할 것인가? 이 문제에 대한 해답은 여러 측면에서 찾을 수가 있겠지만 가장 근본적인 해결책은 판매를 담당하는 사람의 사고가 이 시대가 요구하는 패러다임(paradigm)으로 바뀌지 않으면 안 된다는 것이다. 그것은 한마디로 발상(發想)의 전환과 적극적인 사고를 뜻한다.

어제까지만 해도 판매자는 손님의 요구에 부응하여 물건을 소개해 주며 챙겨주는 「주문을 받는 자의 구실」을 해 왔다. 그러나 오늘의 현실은 주문을 만들어 내 수요를 창출해 내야 한다. 이를테면 「사고 싶지도 않은 사람」, 「살 생각도 없는 사람」에게 적극적으로 작용하여 물건을 사도록 만드는 일이다.

미국의 산업평론가 드러커는 「사업의 목적은 단 하나밖에 없다. 그것은 고객의 창조뿐이다」라고 말했다.

일반적으로 장사라고 하면 손님을 상대하여 스릴과 쾌감을 만끽하는 보람 있는 직업으로 알고 있다. 크고 소담스런 수확을 챙기려면 보다 적극적인 행동력으로 성공의 가능성이 높은 모험에 도전해야만 한다.

「계곡에 머물러 있는 자는 결코 언덕을 넘지 못한다」는 영국의 속담은 우리에게 좋은 시사(示唆)를 던져주고 있다.

2 미소는 장사의 성공비결

　우리나라 속담에 「웃는 낯에 침 못 뱉는다」는 말이 있다. 장사의 비결은 바로 이 웃음(미소)에 있다.

　미소가 함축하는 상징적 의미는 참으로 다채롭다. 「나는 당신을 좋아한다」, 「나는 당신에게 적의(敵意)를 품고 있지 않다」, 「나는 당신과 가까이 지내고 싶다」라는 의미가 그 미소 속에 깃들어져 있다.

　매장에서 손님을 응대하는 점원이 찾아온 손님을 향해 얼굴에 담뿍 미소를 머금고 인사를 한다면 그 손님은 마음이 흐뭇해 질 것이 틀림없다. 또한 자신도 모르는 사이에 애정과 신뢰를 느끼게 될 것이다. 이렇게만 된다면 장사의 주도권은 자연히 판매원 쪽으로 넘어오게 마련이다.

　장사란 물건을 팔기에 앞서 먼저 상대방의 긴장감을 누그러뜨리는 것이 필요하다. 그렇게 하려면 백마디 말보다 한번의 따뜻한 미소가 효과적이다.

　이탈리아의 화가 다빈치가 그린 「모나리자의 미소」는 명화로서 그 이름이 높다. 그런데 만일 그가 「모나리자의 슬픔」이라는 주제로 그림을 그렸다면 과연 그와 같은 큰 인기를 얻을 수 있었을까?

　이 질문에 대한 대답은 뻔하다.

미소는 모든 사람으로부터 사랑과 귀여움을 독차지하지만 슬픔은 그렇지 못하다.

장사꾼이 로봇이나 석고상처럼 무표정한 얼굴을 짓는다면 손님들은 틀림없이 철새처럼 그 사람의 곁을 떠나고 말 것이다.

미소의 메리트(merit)는 참으로 놀랍고도 위력적이다. 따라서 판매업에 종사하는 사람은 필수적으로 웃는 얼굴을 지니고 있어야 한다.

만일 그것이 습관화되지 못할 때엔 매일 아침 거울 앞에서 웃는 얼굴을 연습해 보는 것이 좋다. 하루 10분 정도면 족하다.

당신의 얼굴이 미소로 변할 때 당신의 운명도 바뀌어질 것이다. 미소는 결코 밑천이 들지 않는 장사의 성공비결 이다.

♣ Sell solutions, not just products.
「제품만을 팔려고 하지 말고 해결법을 팔라」
—크라우스·M·레이전저

3 바람직한 고객응대의 철학

상점이나 매장을 찾는 손님은 하루에도 적게는 수십명, 많게는 수백명에 이른다. 그리고 이들 손님의 유형은 각양각색이다. 이들 중에는 성격이 부드러운 사람도 있고, 괴팍스러운 사람도 있다. 이밖에도 신경질적인 사람, 무례한 사람, 공연히 화를 내는 사람, 분수가 없는 사람…. 이렇듯 천태만상이다.

요컨대 이와 같은 손님을 어떻게 응대하느냐가 장사의 관건(關鍵)이 된다. 우리는 가끔 매장에서 손님이 가게 주인과 다투는 광경을 목격한다. 이유야 어떻든 눈살이 찌푸려진다. 상점 안에서 큰소리가 새어나오면 그 순간부터 손님의 발길이 끊어진다. 그리고 언쟁의 책임은 누구의 잘잘못을 따지기 전에 고스란히 가게 주인의 몫으로 돌아온다.

우리는 여기에서 판매자의 본질부터 확실히 인식해 둘 필요가 있다. 우선 장사꾼은 손님을 친절하게 성의껏 응대하는 소명적 의무가 있다.

그렇다면 손님을 어떠한 관점에서 응대해야 할 것인가? 이 문제에 대해서는 다음과 같은 설명이 필요하다.

첫째, 손님을 구별하지 말고 평등하게 대해야 한다. 흔히 손님의 차림새나 외모를 보고 차별적으로 대하는 일이 많다. 이것은 매우 잘못된 일이다.

둘째, 손님의 성격과 마음을 읽을 줄 알아야 한다. 인간을 판단한다는 것은 여간 어려운 일이 아니다. 그러나 심리학이나 골상학을 응용해서라도 고객의 심리를 파악하는 것이 좋다.

셋째, 선입관에 사로잡혀 손님을 다루어서는 안 된다. 특히 「사줄 것이다」, 「안 사줄 것이다」라는 선입관은 자칫 돌이킬 수 없는 우(愚)를 범하기 쉽다.

넷째, 손님과 논쟁을 벌여서는 안 된다. 논쟁을 벌이면 십중팔구 판매자의 승리로 끝날 것이다. 그러나 논쟁에 이기면 무얼 하나? 손님은 패배의 앙갚음으로 두 번 다시 그 점포를 찾지 않을 것이다.

다섯째, 물건을 당당하게 팔아야 한다. 간혹 물건을 팔기 위해 속임수나 애걸, 강요, 위협 등의 더티(dirty)한 수단을 동원하는 일이 있다. 이것은 절대로 삼가야 할 행위이다.

결론적으로 손님은 신(神)과 같은 존재라는 사실을 늘 잊어서는 안 된다.

♣ Opinion which is never organized is never heard.
「정리되지 않은 의견이 주목을 받는 일은 없다」
—찰스 · 머즈(미국의 저널리스트)

4 손님과의 대화를 훌륭하게 하려면…

우리나라 속담에는 말과 관계된 비유가 많다. 그 중에서 대인관계에 참고가 될 몇 가지를 추려 보면「말이 많으면 쓸말이 적다」,「말 한 마디에 천냥 빚을 갚는다」,「가는 말이 고와야 오는 말이 곱다」,「말 속에 말이 들어 있다」등등이다.

이상의 속담은 우리 장사꾼들이 꼭 명심해서 새겨야 할 경구(警句)이기도 하다.

말의 사전적 의미는 말하는 사람의 생각이나 감정을 음성적으로 나타내는 것을 말하지만 대화의 본질에 입각하여 말한다면 말하는 사람의 사상과 인격을 상대방의 마음의 스크린에 투영(投影)시키는 작업이라고 할 수 있다. 그렇다면 판매자의 말은 어디까지나 품위가 있고, 신뢰성이 깃든 말이 되어야 한다.

대화의 우열(優劣)을 가늠하는 요건은 역시 대화의 요령이라고 하겠다. 아무리 청산유수와 같은 달변(達辯)이라도 대화의 요령을 마스터하지 못하면 그 말은 생명력을 상실하고 만다. 그리고 이야기를 시작하기 전에 먼저 손님의 정체를 파악해야 한다. 손님 그 자체를 모르고서는 훌륭한 대화가 성립될 수 없다. 그래서 판매자에게는「아이티(Information Technique)」의 능력이 필요하다는 것이다.

일단 손님의 정체를 파악한 다음에는 이야기의 줄거리를 정리하여 대화의 틀을 짠다. 이것을 이야기의 기획이라고 말한다. 이야기의 틀이 마련되면 다음은 본격적인 대화가 시작된다. 여기에는 대체적으로 8가지의 요건이 필요하다.

첫째, 흥미와 관심을 끌도록 이야기를 해 나간다.

둘째, 이야기의 결론부터 먼저 말한다.

셋째, 이유와 원인에 대해 설명한다.

넷째, 특히 중요한 부분은 힘있게 강조한다.

다섯째, 사실을 뒷받침하는 증거와 사례를 제시한다.

여섯째, 감화력 있는 화법을 구사한다.

일곱째, 손님에게 확신을 심어준다.

여덟째, 판매자가 의도하는 방향으로 이끈다.

대화란 쉬운 것 같지만 생각보다 고도의 테크닉이 요구된다. 그러나 조금만 노력하면 얼마든지 멋진 대화로 발전시킬 수 있다. 대화를 훌륭한 작품으로 만들기 위해서는 손님의 이야기를 진지하게 경청해야 하며, 손님의 이야기에 가끔 공감을 표시하며 손님과 절대로 논쟁을 해서는 안 된다.

♣ Anecdotes may be more useful than equations in understanding the problem.
「문제를 이해하는 데에는 방정식보다 일화(逸話)쪽이 도움이 될지 모른다」

—로버트 · 커트너(미국의 경제기자)

5 고객만족의 메커니즘

소비시장의 환경과 여건은 날이 갈수록 어려워지고 있는데다가 업종간의 경쟁도 사활을 걸만큼 치열해지고 있다. 이런 판국에 손님에게 만족을 주지 못하는 점포는 결국 물건도 팔지 못하고 장사는 위기를 맞게 된다.

「고객만족」이라는 개념은 이 시대의 낯선 용어로 등장하여 소비시장에 신선한 느낌을 주는 듯 하지만 실은 이 고객만족의 정신은 「고객제일주의」사상에서 비롯된 것으로서 이것이야말로 판매의 원점이며 판매자가 추구해야 할 가장 핵심적인 테마라고 하겠다.

이러한 고객만족의 요소는 제품의 품질, 성능, 가격, 디자인, 색상, 내구성, 서비스 등 너무도 광범위하여 어느 한 부분적인 만족만으로는 고객의 환심을 살 수가 없다. 그러나 물건을 생산하는 메이커가 아닌 이상, 제품 자체에 대한 만족은 그만두고라도 판매에 따르는 최량의 만족(서비스)만은 판매자의 몫이 아닌가 생각한다.

오늘날 판매자에게 요구되는 것은 고객의 불평 불만을 어떠한 관점에서 받아들여 해결하느냐 하는 문제이다. 한 소비자조사 보고에 의하면 다음과 같은 놀라운 사실을 발견하게 된다. 그것은 서비스에 불만을 품은 소비자의 96%는 그들의 불만을 직접 입에 올리지 않는다. 그러나 4%의 사람은 분노를 터뜨렸다. 특히 여기에서 주목해야 할 것은 불만을 품은 90%의 사람은 두 번 다시 그 가게를 찾지 않았다는 사실이다.

이 보고서는 여기에서 끝나지 않았다. 「그러나 고객의 불만을 이해하고 서비스 회복에 정성을 쏟은 점포에는 이미 발길을 돌렸던 90%의 소비자 중 약 30%의 고객이 되돌아왔다」고 결론을 맺고 있다.

고객은 한마디로 철새에 비유된다. 이 철새들은 보다 더 좋은 환경과 여건을 찾아 언제라도 날아가 버릴 개연성을 지니고 있다. 오늘날 불황의 늪에 빠져 허우적거리는 판매인들은 「고객만족」이라는 키워드(key word)에 머리를 맞대고 깊이 생각해 볼 필요가 있다.

여기에서 고토 세이치의 어록 하나를 소개한다.

「사다리는 올라갈 때보다 내려올 때가 더 위험하다」고.

6 설득력 있는 판매원이 되려면…

　설득력은 고객과의 의사소통에 있어서 매우 중요한 역할을 담당한다. 특히 화법과 화술은 판매의 성패를 좌우한다.

　「말 잘하는 세일즈맨을 만나면 알래스카의 원주민도 냉장고를 산다」는 말이 있다.

　화술이 능란한 판매원은 어디에 가든 거뜬히 상품을 팔아 치운다. 화술이 능란하다는 것은 상대방의 생각을 잠 재우고 이쪽 주장에 따라오게 만드는 화법의 기교를 말한다. 확실이 물건을 많이 파는 판매원은 설득력과 감화력이 남달리 뛰어나다.

　화술은 철두철미 테크니컬한 분야에 속한다. 똑같은 말이라도 말하는 사람의 기교와 능력에 따라 결과가 크게 달라진다. 이들은 이야기의 소재를 풍부히 축적해 두었다가 위트와 유머를 적절히 섞어 원하는 목적에 따라 자유자재로 작품을 만들어 낸다. 더러는 맛나게 조리(調理)도 하며, 더러는 예쁘게 화장도 한다.

　같은 말이라도 말하는 사람의 표현이나 억양에 따라 이야기를 받아들이는 느낌이나 생각이 달라지는 경우가 많다. 예를 들어 판매원이 고객에게 상품을 사달라고 요구할 때 아주 작은 소리로 「사주십시오」하면 애원이나 호소로 받아들이기 쉽고, 보통 정도의 음성으로 말하면 간청으로, 다소 강한 음성으로 말하면 강요로, 아주 강한 음성으로 말하면 명령으로 받아들이기 쉽다. 이렇듯 표현방식이나 말의 강약에 따라 미묘한 감각의 차이를 나타내는 경우가 있다. 이와 관련된 재미있는 이야기가 있다.

프랑스의 어느 명배우가 파티 석상에서 식탁 위에 놓여 있는 메뉴를 손에 들고 특이한 억양으로 읽어내려갔더니 참석자 중 몇 사람이 눈시울을 적셨다는 에피소드가 있다. 영국의 작가 죠셉 콘랄도 「소리가 지니는 힘은 뜻이 지니는 힘보다 훨씬 강하다」고 말했다.

말의 표현이나 전달방식에 따라 내용, 감정, 정서 등이 미묘한 차이를 나타내는데 이것을 뉘앙스라고 한다. 이 뉘앙스의 사전적 의미는 「말의 뜻, 빛깔, 소리, 감정 따위가 다른 것과 차이가 있는 미묘한 특색」이라고 정의하고 있다.

진정 우수한 판매원은 쉽사리 이해가 가지 않는 이 뉘앙스라는 재치를 구사하여 위기에서 벗어나기도 하며, 상대의 허를 찔러 성과를 거두기도 하는 것이다.

7 호소력이 강한 표준판매화법

　설득력과 감화력이 강한 판매원의 이야기는 고객의 마음을 사로잡아 판매를 쉽게 매듭지어 준다. 그렇다면 어떠한 화법이 설득력과 감화력이 강하다는 말인가? 현재 판매원이 사용하는 화법은 두 가지 형태로 분류할 수가 있다. 그것은 자유판매화법과 표준판매화법이다.

　자유화법은 교과서적인 룰에서 벗어나 자기 나름대로 자유롭게 이야기를 만들어 사용하는 화법을 말하며, 표준화법은 이와는 정반대로 교과서적인 룰과 정형화된 시나리오에 의해 만들어진 화법이다. 표준화법은 전달하려는 내용이 간결하게 다듬어져 있어 합리적인 장점이 있다. 그러나 자유화법은 비록 상황변화에 자유자재로 대응하는 장점은 있으나 대체적으로 이야기의 흐름이 산만하고 짜임새가 없어 소구력(訴求力)이 약하다는 단점이 있다.

　표준판매화법이 판매계에 도입된 유래는 1887년 근대적인 판매기술의 대부라고 할 존·H·패터슨에 의해서이다. 패터슨이 내셔널 금전등록기 회사(NCR)의 경영을 맡은지 3년째가 되는 어느 날이었다. 이날 저녁무렵 패터슨 사장은 판매활동에서 막 돌아온 죠셉·H·클레인을 자신의 방으로 불러들여 금전등록기 판매에서 발군(拔群)의 성적을 올린 비결을

물어보았다. 그랬더니 그는 자기 나름대로 정형화된 세일즈화법을 만들어 사용하고 있다는 것이다.

패터슨 사장은 급히 속기사를 불러들여 클레인으로 하여금 모의판매를 재연토록 지시하고 그 내용을 속기록에 담았다. 그후 그 내용이 몇 차례의 손질을 거쳐 하나의 정형화된 「표준판매화법」으로 매뉴얼화되어 전영업사원에게 배포되었는데 한 달 후의 매출실적이 놀랍게도 3배 이상으로 껑충 뛰어올랐다.

표준화법의 특징은 대체적으로 다음과 같다.

• 이야기의 내용이 순서에 따라 정리되어 있어서 매우 체계적이다.

• 불필요한 이야기가 생략되어 요점과 내용파악이 용이하다.

• 알기 쉽고 이해하기가 쉬워 흥미를 갖게 한다.

• 이야기의 내용이 간결하여 설명시간이 단축된다.

• 표준화법은 비교적 성공의 확률이 높다.

이러한 표준판매화법은 고객에 대한 호소력이 강하고 욕망을 불러일으키는 데 크게 작용한다.

8 원의 판매논리를 잊지마라!

　상품을 사느냐 안 사느냐의 결정권은 전적으로 고객이 가지고 있다. 그리고 돈지갑을 소유한 자가 최대의 권력자인 것이다. 고객은 겉보기에는 너그럽고 후덕해 보이지만 상품이 마음에 들지 않거나 판매원의 태도가 눈에 거슬리면 냉정하게 발길을 돌린다.

　오늘날 판매자의 영원한 테마는 단골손님을 늘리고 새로운 손님을 확보하는 일이다. 그렇게 하려면 상품을 구입한 손님의 사후관리가 중요하다. 그 손님이 다음 번에도 다시 가게를 찾아와 상품을 재구입하도록 만들어야 한다는 것이다.

　고객이 다시 찾아오는 것을 「원의 판매활동」이라고 말한다. 원에는 끝이 없다. 그러나 원점은 분명히 있어서 언젠가는 그 고객을 다시 그 원점에서 조우한다. 그 원점은 바로 당신의 상점, 당신의 가게를 뜻한다.

　결론적으로 말해 당신의 상점에서 물건을 사간 그 손님을 쳇바퀴 속에 넣어 다람쥐처럼 돌리게 한다는 것이다. 그렇게만 된다면 설사 그 다람쥐(고객)가 뒷걸음을 쳐 도망을 가려고 해도 「원의 운동원리」에 의해 싫든 좋든 원점에서 조우하게 마련이다.

　이렇듯 고객의 발목에 족쇄를 채우려면 어떻게 해야 할 것인가?

　가장 보편화된 방법으로는 고객에 대한 친절한 응대, 만족한 서비스, 클레임의 해결, 각종 분쟁과 분규의 예방 등이다. 그러나 보다 과학적인 방법은 접객과 구매를 연동(連動)시키는 점포운영시스템의 구축이라고 하겠다.

　그런데 이것만으로도 미흡하다.

　다시 말하자면 접객과 상품과의 연동, 접객과 고객관리와의 연동, 나아가서는 접객과 상점경영에까지 연동시키는 시스템이 필요한 것이다.

　상점의 체질개선은 바로 접객정책을 어떻게 설계하느냐에 달려 있다. 이것은 한마디로 고객수를 증가시키며 객단가(客單價)를 끌어올리며 지속적으로 단골손님을 늘리며 접객환경을 개선하는 일이다.

　그러나 여기에는 빼놓을 수 없는 것이 하나 있다. 그것은 「매출은 판매하는 사람의 능력과 비례한다」는 진리이다.

　그러므로 판매원의 능력향상은 오늘날 접객정책과 맞물려 중요한 요인으로 클로즈업되고 있는 것이다.

9 강자가 되어야 산다

종합 경쟁력은 고객에게 만족을 제공하는 각 요소를 망라한 힘이다. 즉 상품의 성능, 디자인, 안전성, 편리성, 내구성, 경제성 그리고 집객력(集客力), 판매력, 서비스력, 클레임처리 능력등이다.

그러나 이와 같은 종합 경쟁력이 최고가 되기란 그리 쉬운 일이 아니다. 종합력에 있어서 업계 상위권에 들기까지는 오랜 세월의 노력이 필요하며 모든 분야에서 최고를 이루어 내는 악전 고투가 전개되는 것이다.

현재 업계 최고를 뽑내는 기업들도 태생적으로 강자의 조건을 구비하고 태어난 것이 아니다. 창업 초기는 어느 기업이나 약자 중의 약자이다.

짧은 기간 내에 강자의 자리에 올라선 기업도 있지만 이런 기업일수록 무너지기가 쉬우며 이런 기업은 힘의 저력이 약하다. 따라서 짧은 기간 내에 강자가 되는 묘안이란 있을 수 없다.

요컨대 사업경영상 중요하다고 인정되는 분야 하나만이라도 최고가 되는 것이 강한 종합 경쟁력을 이루어 내는 첫걸음이다.

그렇다면 「무엇을 강하게 할 것인가」의 목표가 분명해야 된다. 이것이 최고를 만들기 위한 첫째 조건이다. 그리고 이 목표를 달성하기 위해서는 전략(방법론)이 필요하다.

조건이 나쁜 가게가 조건이 좋은 강자의 가게와 똑같은 방식으로 점포를 운영한다는 것은 현명한 일이 아니다. 약자는 강자와 다른 방식으로 「차별화」하는 전략을 쓰지 않으면 안된다. 자신이 구사할 수 있는 전력에는 어디까지나 한계가 있다. 그렇다면 경쟁의 범위를 세분화하여 이것을 충분히 검토한 다음 「특정분야」에 대해 집중적으로 힘을 쏟아부으면 얼마든지 승기(勝機)를 잡을 수 있다.

그러므로 전략적인 면에서 매우 중요하다고 판단되는 분야의 탐색과 목표설정이 필요하다. 이같은 목표의 설정이 「전략과제」라고 하겠다.

참고로 우세한 기업이 사용하는 전략발상을 든다면 대략 다음과 같다. 그것은 물량 전술, 복합 전술, 간접 전술, 광역 전술, 포위 전술 등이다.

약자 기업이 강자 기업이 되려면 고객에게 포커스가 잘 맞추어진 전략과 전술이 필요하다.

10 틈새 상품을 노려라!

약자가 강한 경쟁자와 대결한다는 것은 참으로 무모한 짓이다. 그러나 승산(勝算)이 없는 것도 아니다. 아무리 강한 상대라도 세밀히 살펴보면 어딘가에 허점과 약점이 발견된다. 바로 그곳에다 약자가 갖고 있는 전력을 집중적으로 투입하면 이길 수 있다.

그러므로 경쟁력이 약한 기업이나 가게는 강자의 상품구성, 판매대상, 고객분포, 서비스, 유통경로, 판매조직 등을 잘게 토막내어 세밀히 관찰해 보면 어디엔가 강자의 약한 곳을 발견해 낼 수 있다. 이와 같은 세분화에 의해 강자의 허술한 곳(틈)을 파고드는 것이 약자의 전술이다. 예를 들어 백화점의 틈새를 노려 슈퍼마켓이 생겨나 소비자의 턱밑까지 바싹 다가가 일용품 시장을 한순간에 잠식해 버리고 말았다. 또 하나의 업종으로서 디스카운트 스토어를 들 수 있는데 이들은 저가격 판매를 경영의 주축으로 삼고 있다.

무엇인가 틈을 발견해 내려면 직접 소비자에게 바싹 접근해 가는 일이 중요하다. 그리고 선입관이라는 색안경을 벗어던지고, 눈을 크게 뜨고 시장 구석 구석을 살펴보아야 한다. 이렇듯 숨어 있는 시장을 맹점시장(盲點市場)이라고 말한다. 이 맹점시장에는 강한 경쟁상대가 존재하지 않아 무풍지역이라고 해도 지나친 말이 아니다. 경쟁의 불모지대인 틈새 시장의 발견은 약자에게는 매우 고무적인 일이다.

수요자(고객)들은 자기가 원하는 상품이나 서비스를 공급해 주는 판매자나 유통업자가 없으면 불만을 갖게 된다. 그러므로 판매자들은 이러한 고객의 불만을 해소시키기 위해 필요한 상품을 확보하여 그들에게 공급해 주어야 한다. 바로 이것을 「틈새를 노리는 상품」이라고 말한다. 특히 틈새의 규모가 클 경우 이 틈을 메우기 위해 하나의 독립된 산업이 태어나게 된다.

틈을 노리는 업종은 뉴비즈니스인 동시에 벤처 비즈니스(venture business)의 성질을 띠게 된다. 틈새 사업으로 발전하기까지에는 수많은 어려움과 고통이 따른다. 그리고 이것 때문에 패자도 많이 생긴다.

어쨌든 돈벌이가 되는 장사는 스스로의 노력과 연구에 의해 태어나는 것이지 결코 남에게서 넘겨받는 것이 아니라는 사실을 명심해야 한다.

♣ Always assume your opponent to be smarter than you.
「항상 경쟁상대는 자신보다 두뇌가 명석하다고 생각하라」
—월더·라테노(GE 독일 최고 경영자)

# 11 한 곳을 집중적으로 공략하라!

약한 기업은 강한 기업과의 전면전(全面戰)을 생각하지 말고 강자와 싸워 이기기 쉬운 곳을 찾아 공략해야 한다. 왜냐하면 약자는 경영자원(經營資源)이 강자에 비해 절대 빈곤하기 때문이다.

여기에서 말하는 경영자원이란 자금 및 자금조달능력, 영업활동력, 상품력 및 상품개발력, 인재 및 기술력, 가동시간 등이다. 이같은 경영자원은 기업에게 필요한 무기이며 전력이기도 하다.

약자기업이 강자기업의 전략을 탐지해 내어 시장을 세분화하는 까닭은 맹점시장을 찾아내어 거기에다 경영자원을 집중적으로 투입하기 위함이다. 이같은 「집중주의」는 참으로 위력적인 힘을 발휘한다. 예를 들어 공기총 그 자체는 강한 힘을 지니고 있지만 산탄(散彈)이 장전되어 있다면 피격(被擊)범위는 넓을지 몰라도 총알의 위력은 상대적으로 떨어진다.

또한 집중주의는 송곳과 같은 전법이다. 송곳은 보기에는 가냘파 보인다. 그러나 그 뾰족하고 가냘픈 송곳 끝부분에 힘을 집중시키면 두꺼운 판자라도 쉽사리 꿰뚫을 수가 있다.

업계의 경력도 짧은 약자기업이 이곳저곳 여러 곳에 손을 대면 실패율이 높다. 거기에다 경험도 없고 경쟁력도 약한 기업이 무엇이 본업인지도 분간하기가 어려우면 기업의 도산 (倒産)은 이미 예정된 일이라고 하겠다.

그런데 전략이 없는 소매업자는 무조건 많은 상품을 진열해 놓으면 그 중에서 잘 팔리는 상품이 나올 것이라는 막연한 기대를 가진다. 그러나 상품마다 선두주자가 있기 마련이다. 또한 취급상품의 폭이 넓어지면 자금 압박을 받기가 쉽고 전체 판매력과 관리력도 약화된다.

문제는 강자와 약자 간의 「상대적 힘의 비교」인 것이다. 이 힘의 밸런스를 정확히 알고 있어야 한다. 상점경영에 성공한 업자의 이야기를 들어보면 한두 가지의 주력상품에만 집중적으로 전력투구를 한다는 것이다.

요컨대 어느 한 곳을 노려 집중주의, 중점주의 영업정책을 펴면 반드시 그 분야에서 절대강자가 될 가능성이 있다는 말이다. 이렇게 하여 한 분야를 석권하면 그 영향력이 자연히 다른 영역까지 파급되어 또 다른 분야에서도 승기(勝機)를 잡을 수 있게 되는 것이다.

♣ Concentrate your strength against your competitor's relative weakness.
「자신의 힘을 집중적으로 경쟁상대의 상대적 약점에 부딪치는 일이다」

—부르스 · 핸더슨(보스턴 컨설팅 그룹 최고 경영자)

 ## 12 싸움에서 이겨야 살아남는다!

　새로운 상품이나 새로운 업종은 비교적 경쟁에서 이기는 확률이 높다. 그 까닭은 눈독을 들이는 경쟁자가 없기 때문이다. 그래서 경쟁자와 심한 싸움을 벌이지 않아도 된다. 뿐만 아니라 상품의 보급률도 거의 제로(zero)상태여서 시장이 무한대라고 해도 지나치지 않다.

　그러나 고충도 많다. 새 상품에 대한 소비자의 인지도(認知度)가 낮아 상품을 이해시키는 데 많은 시간과 노력이 필요하다. 그리고 상품에 대한 신뢰도도 매우 낮다. 그래서 벤처 사업에 손을 대는 경영자는 철저한 「도전적인 사업가 정신」으로 무장되어 있지 않으면 안 된다.

　병력 수가 많은 강자와 병력 수가 적은 약자 사이에 전투가 벌어지면 전투시간이 길어질수록 약자의 손해량은 늘어나 마침내 약자는 전멸되고 만다. 차라리 조건이 불리한 싸움이라면 싸움을 피하거나 빨리 매듭짓는 것이 오히려 손실이 적다.

　그러나 경영의 룰은 다를 수도 있다. 즉, 전투의 시간을 두고 하는 말이다. 기업간의 우열 다툼은 시장을 중심으로 수요자에게 얼마만큼의 상품을 더 많이 파느냐의 싸움이다. 그러므로 숫자가 적고 공격력이 약한 약자라도 활동시간을 길게 늘리면 이에 비례하여 성과가 나타나므로 결과적으로 이길 수도 있다.

요컨대 시장에서 판매한 매출량의 크기가 승패의 최대 관건이 되므로 활동시간의 양을 늘리는 것은 승리의 방법이 된다.

시간의 차별화(差別化)라는 관점에서 볼 때 강자가 잠자는 시간대에 영업활동을 하는 것이 가장 효율적이다. 그러한 시간대의 경쟁은 거의 무경쟁상태나 다름없어 활동 시간만큼의 메리트를 마음껏 향유할 수가 있다.

바로 컨비니언스 스토어가 그 좋은 예이다. 이 편의점은 24시간 잠도 자지 않고 영업을 한다. 백화점이나 슈퍼마켓이 문을 닫고 들어가 버리면 그때부터 주변의 강적은 사라져 버린 셈이 된다. 그래서 편의점은 시간량으로 강자와 승부를 겨룬다. 포장마차도 밤시간의 차별화로써 재미를 보고 있다. 이밖에도 활동시간의 양을 늘려 판매실적을 올리는 약자가 헤아릴 수 없을 정도로 많다.

활동시간의 양적 확대는 약자가 살아남는 수단이다.

 **약자는 접근전을 구사하라!**

약자가 경쟁에서 싸워 이기려면 접근전을 펼쳐야 한다. 예를 들어 사격의 경우 명중률을 높이려면 우선 목표물에 가까이 접근해야 한다. 먼 곳에서는 제아무리 명사수(名射手)라 해도 명중률은 떨어지기 마련이다.

장사꾼의 목표물은 두말할 나위도 없이 「돈지갑을 가진 사람」, 「금고의 열쇠를 가진 사람」이다. 그러한 고객들이 지금 무엇을 생각하며, 무엇을 바라고 있는가를 알지 못하면 장사나 사업은 열이면 열다 실패하고 만다. 그래서 그들에게 가까이 접근해야 한다는 논리가 성립된다.

다시 말하지만 장사꾼이 고객과 멀리 떨어져 있는 상태에서는 장사에 필요한 정보나 고객의 동향을 알아낼 수가 없다. 물론 객관적으로 정보를 입수할 수는 있지만 그것들은 추상적인 정보여서 실전에는 그다지 도움이 되지 못한다. 요는 그들의 오지랖까지 바싹 다가가야만 그들의 참다운 생각과 움직임을 감지할 수가 있으며 그들의 성곽(城郭)도 쳐부술 수가 있다.

장사가 잘될 때에는 고객 쪽에서 스스로 접근해 오지만 불황에 휩싸이면 그렇지 못하다. 요즘처럼 불황의 늪에서 허우적거릴 때에는 아무리 그들에게 추파를 던져 보았댔자 반응은 차갑다. 어디 그뿐만인가? 한정된 시장은 경쟁자와의 치열한 싸움으로 설자리마저 잃어버리는 실정이다.

약자의 전술은 철두철미 접근전법으로 싸워야 한다. 고객에게 접근하는 까닭은 필요한 정보의 입수도 중요하지만 판매방식을 근본적으로 차별화하기 위해서이다.

약자의 유일한 전법은 접근전밖에 없다. 미사일은 멀리. 떨어져 싸울 때에는 위력이 크다. 그러나 그 미사일 발사대 밑으로 바싹 접근하면 이 가공할 무기도 사각내(死角內)에 몰리게 되어 무용지물이 되고 만다.

그렇다면 사업에 있어서의 접근전이란 무엇을 의미하는 것일까? 그것은 풀기 어려운 문제, 입수하기 어려운 정보를 대상물에게 접근함으로써 멀리서 보지 못했던 실체를 확실히 관찰할 수 있으며 공격의 정보도 얻어낼 수가 있다. 이럴 때 비로소 효과적인 작전이 가능한 것이다. 헨리키신저는「위기에 처해 있을 때 가장 대담한 공격이 때로는 가장 안전하다」고 말했다.

14 선제공격은 신상품을 앞세워라!

선제공격이란 상대방을 제압하기 위해 선수(先手)를 쳐서 공격한다는 뜻이다. 경영에서의 선제공격은 남보다 먼저 소비 시장을 공략하는 것을 의미한다.

그런데 경쟁자를 흉내내어 뒤쫓아가는 기업은 결코 재미를 보지 못한다. 남들이 이미 단물을 다 빨아먹고 난 것을 쫓아가 재탕(再湯)을 해본들 신통한 맛을 낼리가 없다. 무슨 일이든 성공할 자신이 있다고 확신이 서면 당장 착수해야 하며 도저히 성공할 자신이 없다고 판단되면 재빨리 손을 떼야 한다.

이처럼 「실험적 경험」과 「시행 착오」를 거듭하는 가운데 기업은 점차 커져가며 성공의 노하우도 축적되어 간다. 이것이 약자의 전략이며 전술이다. 비즈니스에서의 선제공격은 다양하게 전개된다. 신상품의 경우도 그렇다. 신상품을 판매할 경우, 강자나 경쟁자에 대해 지나치게 신경을 쓰지 않아도 된다. 왜냐하면 현재로는 자신만이 과점판매를 하고 있기 때문이다. 그러나 문제는 신상품에 대한 고객의 제품지식이나 효용가치가 널리 알려지지 않고 있다는 것이 흠이다. 뿐만 아니라 판매를 추진하는 과정에서도 상당한 노력과 어려움이 뒤따른다. 물론 리스크(risk)도 크고 실패율도 높다. 하지만 상품의 보급률이 제로상태에서 시작되므로 매출의 신장률은 크게 높아질 수도 있다.

　강자가 버티고 있는 시장에 약자가 뛰어들어 장사를 한다는 것은 여간 어려운 일이 아니다. 하물며 강자를 상대로 똑같은 상품, 똑같은 상술로 대결한다면 그것은 마치 어린애와 어른의 싸움이 될 것이 뻔하다. 굳이 강자와 맞서려면 뛰어난 차별화 전략과 전술이 필요하다. 그 전술의 하나가 신상품을 앞세운 선제공격이다. 신상품의 개척여지는 거의 무한하다고 하겠다.

　또 하나의 선제공격은 강자가 엄두도 내지 못하는 「방문판매」와 「점두판매」를 접목시키는 일이다.

　이 선제공격은 찾아오는 손님을 기다리는 것이 아니라, 능동적으로 수요층을 공략하는 것을 말한다. 텔레폰 마케팅이나 PC마케팅도 선제공격의 한 수단이 된다. 군사작전에서의 선제공격이 큰 비중을 차지하듯이, 비즈니스에서의 선제공격도 참으로 그 위력이 크다.

♣ When you design a product that flies off the shelves, it's just a matter of time before someone copies it.
「날개 돋친 듯 잘 팔리는 제품을 만들어 내어도 누군가에 의해 모방되는 것은 시간문제다」
—프랜시스 · 골드윈(맨해튼 완구회사 사장)

# 15 판매의 거점을 찾아라!

　비즈니스를 하는 사람의 입장에서는 「어떤 곳에 장사의 거점을 마련할 것인가」가 중요한 과제라고 하겠다. 이 불확실한 판매거점을 누가 제공해 주는 것도 아니고 가르쳐 주는 것도 아니다. 오직 자신이 갖고 있는 센서(sensor)를 동원하여 탐지해 내야 한다. 그러나 한 가지 분명한 것은 비록 눈에는 보이지 않지만 성공의 확률이 높은 판매거점이 여기저기에 널려져 있다는 사실을 알아야 한다.

　우선 오랜 관습에 젖어 있는 폐쇄적인 업계에 침투하기가 용이하다. 이런 업계일수록 발붙이기가 쉬우며 경쟁하기에도 부담스럽지 않다. 왜냐하면 이런 업계는 대체적으로 강자가 없을 뿐만 아니라 개혁(innovation)에 대한 의지도 약해 모두가 평범한 실력을 지니고 있기 때문이다. 그러므로 색다른 차별화 정책을 구사한다면 용이하게 이 업계를 공략할 수가 있다. 그 대신 이런 업계가 갖고 있는 상관습(商慣習)을 함부로 무시해 버리면 토착업자들의 집중포화를 받을 가능성이 있으므로 비록 거점화에 성공했다 해도 상당기간 고전을 면치 못한다.

　그렇다면 이런 곳 말고 다른 곳에 거점을 마련할 수는 없을까? 물론 있다. 그곳은 강자가 버티고 있는 시장이다. 그러나 그런 곳에서는 승산이 없다고 모두가 체념한다. 그렇지만 눈을 크게 뜨고 강자의 시장을 응시해 보자. 강자가 버티고 있는 시장이라 해도 분명히 약자가 도전해서 이길 수 있는 곳이 있다. 바로 그곳이 강자의 아킬레스건(腱)이다. 그리스 신화에 등장하는 불사신의 영웅 아킬레스도 트로이의 왕자가 쏜 화살을 발뒤꿈치에 맞고 죽지 않았던가? 아킬레스건이란 곧 강자의 허점과 틈새를 뜻한다.

물이 고여 있는 상태에서는 잔잔한 수면을 이루지만 물이 세차게 흐를 때는 파도와 소용돌이가 만들어진다. 물이 급히 움직이면 역학작용에 의해 물과 물 사이에 틈이 생기며 이곳에 주변의 물이 비집고 들어가 소용돌이 현상이 생기는 것이다. 이 소용돌이가 이른바 물의 「틈새」이다. 이와 같은 틈새가 강자의 시장에도 나타나는 것이다. 이때가 약자가 나설 최적의 타이밍이라고 할 수 있다.

♣ He that will not sail till all dangers are over must never put to sea.
「위험이 완전히 가신 다음 출항하려고 한다면 영원히 바다에 나갈 수 없을 것이다」
―토머스 · 풀러(영국의 성직자)

16 경영자의 시대적 발상

　우리나라의 소비시장은 날이 갈수록 성숙해지고 있지만 시장점유율의 싸움은 오히려 더 치열해지고 있는 실정이다. 신규시장의 확대가 사업신장의 유일한 과제였던 지난날과는 달리 사업의 존속을 위해서는 경쟁자의 시장까지도 가로채지 않을 수 없는 것이 오늘의 현실이다.

　이같은 치열한 경쟁시대에서 살아남기 위해서는 다음과 같은 3가지의 전제가 필요하다. 첫째, 자신이 강자인가 약자인가를 분명히 수치(數値)로써 확인한다. 둘째, 자신이 약자라면 이길 수 있는 장면을 설정하지 않으면 안 된다. 셋째, 전략은 반드시 이기기 위해 존재하지만 그것을 객관적·논리적으로 판단하지 않으면 안 된다.

　그리고 자기 자신을 전략적 체질로 바꾸어야 하는데 여기에는 다음과 같은 발상전환의 과제가 있다. 그것은 제로 베이스(zero base) 발상, 포트폴리오(portfolio) 발상, 스케일 디메리트(scale demerit) 발상이다.

　먼저 제로 베이스의 발상인데 이것은 과거의 경험에 의한 선입관이나 고정관념을 버려야 한다는 것이다. 즉 과거를 zero로 돌리고 그 연장선상에서 현재와 미래를 생각하는 일이다.

　다음은 포트폴리오의 발상인데 현 시점에서 중요시되는 것과 그렇지 못한 것을 구분하는 판별력을 뜻한다. portfolio란 원래 유가증권의 일람표 같은 것을 의미하지만 마케팅의 경우 미국의 GE사의 제품전략(product portfolio management)이 유명한 케이스다. 구체적으로 말한다면 「시장의 성장성」, 「상품의 라이프 사이클」, 「마켓 셰어」, 「이익의 절대치」 등 4가지 요소에 기준을 두되, 그 중에서도 시장의 성장성과 마켓 셰어의 두 가지를 기본지표로 삼아 상품을 추가하거나 정리하거나 또는 배합하는 데 포인트를 두는 것이 포트폴리오 전략의 특징이다.

　마지막으로 스케일 디메리트의 발상인데 「대형상품보다 소형상품에 역점을 둔다」, 「큰 거래처보다 중간층 고객에게 치중한다」, 「큰 시장보다 중소시장을 중시한다」는 3가지 원칙에 포커스를 맞추는 일이다. 특히 큰 시장보다는 중소시장이 싸우기가 용이하며 승리의 확률도 비교적 높다.

　어쨌든 기업을 하는 사람의 입장으로는 발상전환이 무엇보다 중요하다고 하겠다.

경영의 중장비는 안 된다

　야심에 찬 경영자라면 누구든 중장비를 갖추고 멋지게 경영을 해보고 싶을 것이다. 그러나 중장비가 가능한 기업은 강자의 기업만이 할 수 있는 일이다. 유감스럽게도 중소기업이 보유하고 있는 힘에는 한계가 있다. 대기업처럼 중장비를 갖추고서는 경영의 묘(妙)를 살릴 수가 없다.

　경장비는 약자에게 있어서 중요한 발상의 하나다. 따라서 약자는 모든 사업계획이나 경영계획을 철두철미 경장비의 사고방식에 두고 운용(運用)해야 한다. 그렇다면 어떻게 하는 것이 경장비 경영이 되는 것일까?

　재무면의 중소기업의 약점은 자기자본 비율이 낮다는 것이다. 적은 자기자본에다 차입금이나 어음 등의 타인자본을 보태 필요한 자금의 공백을 메우고 있다. 또한 차입금에 대해서는 소정의 이식(利息)을 지불하지 않으면 안 된다. 당연히 차입금이나 지불어음이 많아지면 장부가 복잡해지고 인력도 늘어나며 비용도 많아진다. 특히 차입금의 2할 정도는 정기예금이나 그밖의 어음으로써 금융기관에 예치해 두지 않으면 안 된다. 결국 차입금이 많아지면 총자본도 늘어나 중장비의 재무 체질이 되고 만다.

　재무면에서 우량 기업이 되려면 자기자본을 늘려주지 않으

면 안 된다. 지불어음을 없애고 차입금을 줄여 나가면 자금
조달도 쉬워진다는 것을 잘 알고 있으면서도 단숨에 자기자
본을 불려 나간다는 것은 매우 어려운 일이다. 그러므로 자
기자본이 적고 여유가 없는 동안은 자금사용에 세심한 주의
를 기울이지 않으면 안 된다. 특히 여기에서 주의해야 할 점
은 고정자산이 증가하지 않도록 배려하는 일이다. 자금능력이
없을 때에는 철저히 경장비 경영을 생각하지 않으면 안 된다.
재무상의 경장비란 당장 이익이 발생한다고 확신하는 곳에만
자금을 배정해야 한다.

한편 고정자산 계정에 있어서 토지나 건물 다음으로 부담
을 주는 것이 차량 등의 운반기구들이다. 영업부문의 그럴싸
한 설득을 받아들여 값비싼 차를 몇 대씩 구입하면 차량 계
정과목은 물집이 생기듯이 커지게 된다. 그러므로 이런 것은
가능한 억제해야 한다.

오늘의 약자 기업들은 경장비 경영에 각별히 신경을 써야
한다.

♣ Failing organizations are usually over-managed and under-led.
「파탄을 가져오게 하는 조직은, 대부분 관리과잉인데다가
지도력은 부족한 편이다」

—워렌·G·베니스(신시내티대학 학장)

18 경장비 업종을 찾아라!

약자는 몸집이 가볍고 움직임이 빨라야 싸움에서 이긴다. 움직임이 빠른 까닭은 몸에 지니고 있는 장비가 가볍기 때문이다. 한마디로 약자는 고정화 자산이 많아지는 업종에 손을 대서는 안 된다는 것이다. 만일 고정자산이 많아지면 기업의 움직임이 둔해지고 결국 운동부족(이익활동 부족)으로 죽고 만다.

업종 중에는 중장비형의 기업이 아니면 할 수 없는 것이 있다. 호텔업이나 레저산업이나 결혼식장업 등이다. 건물이 크고 장치시설이 사치스럽기 때문에 보는 사람으로 하여금 부러움을 자아내게 한다. 그래서인지 경영자인 오너는 우월감에 도취된다. 그대신 이런 사업에는 자금이 엄청나게 들어간다는 사실을 알아야 한다. 여기에 투입된 돈은 모두 고정자산이 되어 버리는데 일단 자금이 동결되면 이 자금을 활용하기가 무척 어려워지고 사업을 그만둔다 해도 현금화가 늦어져 금리를 비롯하여 각종 유지비를 계속 지출해야 한다.

따라서 이와 같은 업종은 비교적 도산율이 높은데 그 까닭은 자금이 묶이거나 사장되기 쉽기 때문이다.

중장비의 업종은 자기자본을 충분히 소유한 강자만이 할 수 있는 사업이다. 약자는 절대로 자금의 고정화 업종에 손을 대서는 안 된다. 이 룰을 어기고 손을 대었을 경우 심한 화상을 입고 말 것이다.

골프장이나 콘도사업은 확실히 매력있는 업종에 속한다. 약자에게도 군침이 도는 사업임에 틀림없다. 그러나 자금력이 약하면 사업의 계속성을 보장받지 못할 뿐만 아니라 그 사업이 뿌리를 내릴 때까지 오랜 시간과 자금의 뒷받침이 필요하게 된다. 이것도 약자에게는 큰 부담이 된다.

유태인들이 외국에 나가 장사를 할 때 철저히 그들나름의 전략의 룰을 지킨다. 그것이 바로 경장비형의 상술이다. 이들이 아무리 많은 돈을 벌어도 절대로 그 나라의 부동산을 소유하지 않는다. 그 까닭은 그곳 주민들로부터 눈총을 받을지도 모른다는 두려움 때문이다. 이들은 어디까지나 눈에 크게 띄지 않는 방법으로 장사를 한다. 이를테면 금융업이라든가 귀금속상 등이다. 이 경장비 원칙을 신앙처럼 믿고 있는 것이 유태인 장사꾼의 특징이다.

이와 같은 경장비형 경영은 약자가 지켜야 할 계명이기도 하다.

# 19 제휴로써 살아남자!

　　오늘날 정보 네트워크의 발달에 의해 서로의 지혜를 교환하거나 자료를 주고받는 환경이 생겨났다. 경영이라는 세계에서도 이 같은 수단을 활용하여 독창적인 상품이나 기술을 개발해야 한다.

　　그러나 우리나라 기업들은 모방력은 강하지만 독창성은 약한 편이다. 그렇다면 이 독창성을 어떻게 향상시키며 개발해야 할 것인가? 그 방법론이 바로 컬래버레이션(collaboration)이론이다. 컬래버레이션은 영어의 Co-operation과 Lavor의 합성어로서 공동, 협력, 합작, 공동 연구라는 뜻을 지니고 있는데 사용목적에 따라 어휘가 다양한 표현으로 사용되기도 한다.

　　여기서의 컬래버레이션 개념은 협창(協創)이라는 뉘앙스로 정리해 두려고 한다. 즉,「전문가끼리 또는 기업끼리 창조의 프로세스를 공유화함으로써 단독으로는 만들어 내지 못하는 창조적 성과를 창출해 내는 행위」라는 의미로 해석하면 좋다.

　　몇해 전 삼성종합화학과 현대석유화학이 서산 공장의 원료 파이프를 공동으로 사용할 것을 합의했는데 이것도 컬래버레이션의 맥락에서 받아들여도 좋다. 이들 두 업체는 유화업계 중에서도 대표적인 앙숙이자 경쟁자이다. 이런 두 업체가 「적(敵)과의 동침」을 결정하게 된 것은 서로가 살아남기 위한 전략적 제휴라는 점에서 그 의미가 크다.

팝송계의 슈퍼스타인 마이클 잭슨은 거물급 음악인과의 컬래버레이션에 의해 지난날 영국의 비틀즈를 능가하는 세계적인 명성을 얻게 되었다. 마이클이 가수로서 독자적인 위치를 굳히려고 했을 때, 재즈계의 거물인 퀸시 죤스가 그의 프로듀서로서 수완을 유감없이 발휘했다. 이렇게 하여 세련된 블랙 컨템퍼러리(black contemporary)의 작품은 일약 히트 차트의 정상자리를 차지하게 되었다.

우리가 잘 알고 있는 미국의 마이크로 소프트사는 영화제작사 드림워크즈와 손을 잡아 오락용 소프트 개발에 성공했다. 이때 마이크로 소프트의 빌게이츠 회장은 이렇게 말했다. 「그들(드림워크즈)이 탄생시킨 탁월한 스토리와 우리가 갖고 있는 첨단기술이 결합되어 지금까지 없었던 새로운 작품을 창출해 냈다」고 자랑했다.

선진국에서는 컬래버레이션이 이미 다반사가 된 일이기는 하지만 우리 업계도 경쟁자끼리 적대시에만 골몰할 것이 아니라, 경쟁자들이 필요에 따라 제휴하여 보다 좋은 상품, 보다 좋은 서비스를 고객에게 제공해야 할 것이다.

♣ The value of an idea lies in the using of it.
「아이디어의 가치는 그것을 활용하는 데 있다」
—토머스 · 에디슨(미국의 발명가)

20 한계돌파의 기술전략

　헨리 포드는 그의 저서 『일과 사랑』이라는 책에서 이런 말을 했다.

　「사업가가 낡은 방식에 집착하여 자기혁신을 이루지 못하면 사업체와 함께 침몰하고 만다」고.

　기술이 단절되면 그 기업의 운명은 순식간에 곤두박질 친다. 한때의 우량기업도 기술개발을 외면한 탓으로 하루아침에 업계의 뒤안길로 사라져 버린 일이 허다하다. 최근 기술의 단절 때문에 국내의 중요한 산업들이 국제시장에서 설 자리를 잃어가고 있는 실정이다. 우리나라 기업들이 이처럼 고전하는 까닭은 소비자의 욕구를 충족시켜 줄만한 새 상품을 내놓지 못한 데 있다.

　오늘의 소비자들은 획기적인 제품을 파격적인 싼값으로 공급해 주기를 바란다. 획기적인 상품이란 개량된 상품이 아니라 전혀 새로운 상품을 뜻한다. 즉, 낡은 껍질을 깨고 고루한 룰에서 벗어난 환상적인 상품을 소비자는 원한다. 이것이 시대적 요구이며, 소비자의 염원이다. 특히 기술의 혁신은 당연한 과제의 하나이다. 여기에서 하나의 극단적인 예를 들어보자.

　NCR(National Cash Register)은 1970년의 연차 영업보고서에서 「당사는 계속적으로 기본제품인 사무기기의 성능 향상에 힘을 쏟고 있다」고 공언했지만 당시 시장에서 무슨 일이 벌어지고 있는지에 대해서는 전혀 관심조차 없었다. NCR은 고집스럽게도 과거에 집착했으며, 컴퓨터의 혁명이 자사의 목을 죄어오는데도 시대에 뒤떨어진 전동식(電動式)기술에 매달리고 있었다. 바로 그해 DTS라는 무명의 작은 회사가 획기적인 전자식 금전등록기를 시장에 내놓았다. 새로운 전환기가 막을 연 것이다. 이 때문에 NCR의 시장구성비 90퍼센트가 불과 수년 사이에 10퍼센트대로 주저앉고 말았다. NCR은 제조한지 1년밖에 되지 않은 1억4천만 달러어치의 전동식 금전등록기를 전부 폐기처분해 버리지 않을 수가 없었다. 기술혁신이 얼마나 무서운가에 대한 하나의 산 교훈이다.

기술의 한계를 예측한다는 것은 지극히 어려운 일이지만 어쨌든 첨단기술의 갭을 메우는 것은 매우 시급한 문제이다. 이 공간을 무엇으로 어떻게 메우냐의 발상이 필요한 것이다. 요컨대 필요한 정보를 탐색하여 그것을 일련의 기술로 가공하여 코스트·리스크·수익성 등을 심도 있게 다루어 최선의 것을 창출해 내지 않으면 안 된다는 것이다.

♣ If the only tool you have is a hammer, you treat everything like a nail.
「만일 쇠망치의 연장밖에 갖고 있지 않다면 모든 것을 못이라고 생각하여 다루라」

―에이브라함·마슬로(미국의 심리학자)

# 소비시장과 전략상품

　오늘과 같이 자본, 인재, 기술, 시간 등의 경영자원이 궁핍한 상황에서는 특히 성공의 결정적인 의미를 함축한 분야에만 선별적으로 경영자원을 집중 투자해야 한다.

　그럼에도 불구하고 일부 기업들이 오너(소유주)의 편협한 아집이나 독단, 그리고 검증도 거치지 않은 자신만의 경험을 내세워 한정된 자원을 성공이 불투명한 곳에 여기저기 배분한다는 것은 결코 바람직한 일이 못된다.

　현대는 철두철미 과학에 근거한 기업경영이 요구되며, 확실성이 있는 투자정책이 이루어져야 한다. 어디까지나 몸소 체험하고 검증한 시장에 101%의 성공률이 보장된 곳에 경영자원이 집중적으로 투입되는 지혜가 우리 사업자들에겐 필요하다.

　다음은 확실히 검증된 시장에서 완벽한 전략상품을 공급하는 일이다. 특히 사업을 처음 시작하는 입장에서는 객관성과 현실성을 중시해야 한다. 여기에는 사업자 자신의 직관력과 판단력이 필요하다. 그리고 어떠한 경쟁자도 쉽게 추수(追隨)해 오지 못하는 전략상품을 기획하여 시장에 내놓는 일이다.

　예컨대 상품 자체가 경쟁력이 강하고 개성(identity)이 뚜렷해야 한다. 여기에서 말하는 경쟁력이 강한 상품이란 한마디로 성능, 디자인, 가격, 안전성, 안락성, 내구성이 강한 상품을 뜻한다. 이것은 당연히 상품이 지니고 있어야 할 요건들이지만 오늘의 상황논리에서는 이같은 요건들이 묵살되기 쉽다. 왜냐하면 무조건「값싼 상품」을 선호하는 소비자의 탐욕 때문이다.

생산자의 가격정책은 상품의 질과 생산을 위해 투입되는 코스트와 밀접한 함수관계가 있다.「값싸고 좋은 물건」은 서로 대립된 모순을 지니고 있다. 이 불합리한 모순된 생리를 소비자들은 업자에게 일방적으로 강요하고 있는 것이다.

그러나 기업을 유지하려면 소비자의 요구를 충족시켜 주지 않으면 안 된다. 그것은 직·간접비의 코스트를 최대한으로 억제하고 상품의 질을 높이는 동시에 가격을 다운시키는 노력이 필요하다. 이것만으로는 안 된다. 상품에 매력적인 개성이 부여되어 있어야 한다. 예를 든다면 디자인 등에 대한 획기적인 이노베이션이 불가피하다.

앞으로 시장은 더욱 고삐를 죄어 나갈 것이다. 그리고 시장과 전략상품과의 관계는 시장이 존속하는 한 영원한 테마로 남게 될 것이다.

♣ Quality is everyone's responsibility.
「품질은 전원의 책임이다」
　　　　　　　　　　　—W·에드워즈·데밍(미국의 경영 컨설턴트)

22 미래지향적 성공인자

　하버드대학 경영대학원의 켄터 교수는 정상급 기업이 되기 위한 요건으로서 발상(Concepts), 능력(Competence), 관계 (Connection)의 3C를 꼽고 있다.

　먼저 발상에 대해 생각해 보자. 기업은 최선의 경영지식과 아이디어를 소유하고 새로운 기술을 계속 개발해 나가지 않으면 안 된다. 미래는 모방이 아니라 창의력에 의해 주도되는 세계이다. 창의력은 어디까지나 그 기업의 잠재력과 지적 능력에 의해 창출된다. 미래는 우리가 전혀 예측도 가늠도 할 수 없는 불확실성의 세계이다. 그것은 곧 정형(定型)이 아닌 세계(시장)를 의미하는데, 형이 없고 모델이 없다면 부득이 스스로의 패러다임으로 모든 것을 형태화시키지 않으면 안 된다. 여기에는 남다른 발상과 기발한 아이디어가 요구된다. 「미래는 쫓아가는 것이 아니라 창조에 의해 이끌어 가는 것」이라고 아일랜드 총리 찰스는 말했다.

　두 번째는 능력에 관해서이다. 우리는 능력을 생각하기 전에 먼저 경쟁이라는 장면을 상정해 보여야 한다. 이같은 상황설정에 대응하기 위해서는 능력을 구비해야 한다. 일반적인 경쟁의 개념은, 비슷한 실력을 갖춘 자들끼리 일정한 룰을 바탕으로 우열을 가리는 행위를 말한다. 그러나 오늘의 기업간의 힘겨루기는 경쟁이 아니라 결투를 뜻한다. 즉 약자는 사멸(死滅)하고 강자는 살아남는다는 적자생존의 결과만이 존재할 뿐이다. 따라서 싸움에서 이기려면 능력이 필요하다. 미래 기업의 승패의 가늠대는 규모가 아니라 질적 능력에 의해 결정된다. 이같은 능력은 한마디로 전략과 전술과 행동의 종합력으로 이루어진다.

마지막으로 요구되는 것은 관계개선의 역량이다. 아무리 기업의 발상력이 뛰어나고 능력이 뛰어난다 해도 관계개선의 능력이 없으면 안 된다. 쉽게 말해 부품업자와 고객들을 동업자화한 공생공존의 틀을 짜야 하는 것이다. 이것은 운명공동체로서의 당연한 귀납적 원리이다. 그리고 전 시장이 망라된 정보네트워크를 소유하고, 소비시장의 생생한 목소리를 들어야 한다. 그래야만 좋은 상품과 서비스를 만들어 낼 수가 있다.

이상의 3가지 요건은 모든 기업들이 갖추고 있어야 할 기본적인 성공인자이며 혈구(血球)인 것이다. 이미 21세기의 맥박은 뛰기 시작하고 있다. 그런데 오늘의 기업들은 어느 곳에서 지금 무엇을 하고 있는지 궁금할 따름이다.

23 새로운 정보에 얼마나 민감한가?

앞으로의 기업활동은 어떠한 컨셉에 의해 추진되어야 할 것인가? 그리고 어떠한 정보가 필요하며 그것들을 어떻게 활용해야 할 것인가? 이와 같은 문제의식은 적어도 기업을 영위하는 사람이라면 마땅히 가져야 할 최대의 관심사이며 반드시 풀어야 할 과제라고 하겠다. 이것을 다른 말로 표현하면, 새 시대에 영합하는 패러다임으로 모든 것이 재편성되어야 한다는 것이다.

지금 우리 기업인들은 밀물처럼 몰려드는 정보의 홍수 속에서 정신없이 살아가고 있다. 그 속에는 잡동사니 정보(information)도 있을 것이며, 쓸모 있게 다듬어진 정보(intelligence)도 있을 것이다. 어떤 것이 내게 필요하고, 어떤 것이 내게 필요없는가를 판단하는 주역이 바로 경영자이다. 이러한 선택의 재량권이 있는 대신 결과에 대한 모든 책임도 져야 한다. 왜냐하면 기업은 사회성을 지니고 있기 때문이다.

앞으로 시장수요에 알맞은 신제품의 개발을 비롯하여 판매촉진, 셰어 확대를 어떤 식으로 높여 가야 할 것인가의 다급한 과제와 이에 대응하는 정보의 취사선택은 기업의 사활(死活)이 걸려 있는 열쇠이기도 하다. 그러나 불행하게도 오늘의 대부분의 기업들은 모험을 외면하고, 새것을 경원하는 낡고 진부한 껍질 속에서 새것을 일깨우는 정보의 함성에 귀를 틀어막고 있는 것이다. 이래서는 안 된다.

새로 거듭나는 기업은 지난날의 경영상의 오류와 과거의 시행착오를 교훈삼아 여기에다 새롭고 유익한 정보를 접목시켜 강력한 기업체질로 발돋움하는 일이다. 아이디어는 기존의 정보에다 새로운 정보를 결합시킴으로서 태어난다. 이 결합을 위해서는 남다른 지혜가 필요하다. 특히 무정견(無定見)의 정보는 오히려 병균을 체내에 번식시킬 우려가 있다. 여기에서 기업이 필요로 하는 정보가 무엇인가를 살펴보자.

- 시장변화에 대응할 수 있는 정보인가.
- 시장 니즈에 공명(共鳴)하는 상품정보인가.
- 유통업자가 지원해 줄 수 있는 정보인가.
- 소비자가 원하는 가격에 영합하는 정보인가.
- 경영에 접목시킬 필요한 정보인가.

이상과 같은 것 등인데 결론적으로 말해 「정보는 변화에 대한 기업의 새로운 성공을 개화(開花)시켜 준다」는 철학을 기업인 모두가 가져야 할 것이다.

♣ What one sees depends upon where one sits.
「무엇이 보이는가는 그 사람의 시야의 넓이에 달려 있다」
—제임스 · R · 술레진저(미국의 국방장관)

24 프로 세일즈맨의 산술적 능력

우리는 오늘의 시대를 「단절의 시대」, 「위기의 시대」로 규정하고 있다. 이러한 시대일수록 기업인이나 세일즈맨이 중시해야 할 일은 철저히 중무장된 「프로의식화」된 자기상(自己像)의 확립이라고 하겠다.

프로 세일즈맨은 물건을 팔기 전에 자신의 인품과 소신과 주장을 먼저 팔아야 한다. 그뿐만이 아니라 상대방의 마음을 사로잡아 그를 자신의 협력체제 안으로 끌어들이는 일이다. 어디까지나 마음의 문을 열어놓고 구김살 없는 대화를 통해 커뮤니케이션의 열매를 추구해야 하는 것이다. 이것이 바로 프로의 본질이며 자세이다. 또 프로는 상품에 대한 주관이 뚜렷하고, 도전력이 있고 차별화된 시각, 그리고 신념과 주관의 일관성, 끊임없는 연구와 노력, 경험의 누적에서 결실되는 것이다.

진정한 프로는 때로는 우회할 줄도 알며 후퇴할 줄도 안다. 그런가 하면 과감히 벽을 뛰어넘는 대담성도 지니고 있다. 뿐만 아니라 프로는 화술의 기교를 통해 상대편의 마음을 사로잡을 줄도 안다. 이들은 그 무엇인가의 이질적인 사고(차별화된 발상)에 의해 승부를 걸 줄도 안다. 이런 기량은 일반사람과 다른 신념의 차이, 능력의 차이, 직감력(直感力)의 차이에서 오는 결과이다. 이렇듯 결정적인 차별화를 만들어 내는 것이 프로페셔널리즘(professionalism)의 특색이다. 다시 말해 이것이 장사꾼의 기질이며 재치라고 말할 수 있다.

그렇다면 우리들이 당면한 오늘의 과제는 과연 무엇일까? 그것은 각자의 정신무장, 지식무장, 기술무장을 재검토해 보는 일이다. 이것은 곧 위기를 극복하는 전력인 동시에 새것을 창조해 내는 자기성찰의 싸움인 것이다.

마지막으로 프로 세일즈맨은 상대방(고객) 마음 깊숙한 곳에 자신이 그와 공존할 수 있는 「영주권」을 마련해 두는 일이다. 이것은 승리와 성공을 위한 포석(布石)이다.

프로 세일즈맨은 참으로 위대하다. 적어도 판매의 속성을 아는 사람이라면 프로 세일즈맨의 능력을 높이 평가해 준다. 그 까닭은 「무(無)에서 유(有)를 창조해 내는 산술적 원리」를 그들은 알고 있기 때문이다.

> ♣ There is no such thing as "soft sell" or "hard sell." There is only "smart sell" and "stupid sell."
> 「"소프트 세일" 또는 "하드 세일"이라는 것은 존재하지 않는다. "현명한 판매"와 "어리석은 판매"만이 있을 뿐이다」
> —찰스・브로우워(오즈본 사장)

25 손님은 쾌적한 쇼핑을 원한다

손님들이 당신의 상점에 대해 무엇을 바라고 있는가를 알고 싶으면, 그들이 어느 상점에서 쇼핑을 즐기는 지를 조사해 보면 자연히 알게 될 것이다.

장사가 잘되고 손님이 많이 몰려드는 상점을 눈여겨보면 그들은 하나같이 손님들이 평안하고 즐겁게 쇼핑을 할 수 있도록 세심한 배려를 베풀고 있음을 알게 된다. 그 중에서도 가장 기본적인 배려는 손님의 쇼핑을 돕기 위해 교통의 편의와 매장 서비스에 신경을 쓰고 있다는 점이다. 이에 관련하여 손님의 입장에서 몇 가지 문제점을 제기하려고 한다.

(1) 주차시설이 없거나 쇼핑에 불편을 주는 상점에는 손님이 접근하기를 꺼린다.

(2) 대형 점포가 끼어 있지 않은 상점가에는 손님이 매력을 느끼지 않는다.

(3) 상품이 풀 라인화되어 있지 않거나 상품이 빈약한 점포는 손님이 흥미를 느끼지 않는다.

우선 (1)에 대해서는 더 이상 구체적인 설명이 필요없다. (2)의 경우는 대형 점포가 갖는 고객의 집객력(集客力)은 소매점의 단위 매장 면적에 비해 10배 이상 강력한 흡수력을 지니고 있다는 것을 알아야 한다. 그 주된 이유의 하나로서 교통의 입지성과 유리성을 들 수 있다. 일반적으로 대형 점포는 교통이 편리한 지역에 대부분 자리잡고 있다. 이를테면 기차역, 전철역, 버스터미널 등을 끼고 있는 상업지구에 거점을 두고 있다. 그리고 이들은 대체로 주차장이나 주차시설을 갖고 있다. 요는 이렇게 해야만 손님이 모여든다는 것이다. 그리고 대형 점포가 운집(雲集)해 있는 상점가에는 손님에 대한 서비스도 매우 좋다. 그 까닭은 더 많은 손님을 끌어들이기 위해 치열한 접전을 벌이고 있기 때문이다. 덕분에 고객들은 신(神)과 같은 대접을 받는다. 뿐만 아니라 이와 같은 상점가에는 레저시설도 준비되어 있어 쇼핑이 끝난 후 잠시나마 안식과 여가를 즐길 수 있다. (3)의 상품의 풀 라인화란 손님이 원하는 상품을 거의 준비해 두었다가 한 가게에서 모두 구입을 끝낸다는 것이다. 이렇게 해 두면 매장을 찾는 손님의 숫자도 늘고 손님들로부터 깊은 신뢰도 얻게 된다.

물론 소매점이 대형점과 겨룬다는 것은 참으로 무모한 일이다. 하지만 자신의 입지와 여건을 잘 살린다면 대형점이 갖지 못한 유리한 특성으로 손님을 얼마든지 불러들일 수가 있다. 요는 소매점이 안고 있는 취약점을 충분히 알고 있으면 이에 대한 방법론도 자연히 마련된다는 것이다.

♣ I am easily satisfied with the best.
「나는 최고의 것에 대해서는 무조건 만족한다」
—윈스턴 · 처칠(영국 수상)

# 소매점의 전문화 · 개성화 전략

소매업계의 경쟁은 날로 치열해지고 있으며, 이런 소용돌이 속에서도 특히 규모가 작은 소매점은 살아남기 위해 혼신의 몸부림을 치고 있다. 거기에다 가장 위협적인 존재가 자신보다 규모가 크고 힘이 강한 대형점이라고 하겠다. 그러나 비록 규모와 자금력은 약하다 해도 독특한 차별성만 갖춘다면 대형점도 결코 두려운 존재만은 아니다. 현실적으로 대형점과 경쟁하려면 무엇보다도 상점경영의 혁신적인 차별화와 독자성(identity)이 요구된다. 그 차별화와 독자성이란 한마디로 「전문화 · 개성화」를 의미한다.

규모가 작은 소매점의 경우, 한정된 자금력과 빈약한 상품력을 감안한다면 경영이나 상품의 차별성은 극히 당연한 일이라고 하겠다. 특히 최근 성행하고 있는 가격 파괴를 생각한다면, 상품의 전문화와 개성화는 시류(時流)에 알맞은 선택이라고 하겠다.

여기에서 이와 관련하여 마케팅의 기본원리에 돌아가 생각해 보기로 하자.

첫째, 소매점은 시장에 대응하는 능력을 가지고 있어야 하며 둘째, 상권(商圈)과 상품과 수요자를 어떻게 세그먼트(segment) 하느냐에 따라 사업의 성패가 결정된다. 이럴 경

우 상권은 넓을수록 좋으며, 상품은 가급적 전문화하는 것이
바람직하다. 그리고 가능하다면 불특정 다수의 수요자를 대상
으로 하는 것이 경영면에서 유리하다. 그러나 실제에 있어서
좁은 상권 내에서 취급하는 상품과 수요층을 세그먼트 한다
는 것은 여간 어려운 일이 아니다. 그나마도 이렇게 하지 않
으면 업계에서 살아남기가 힘들다.

무릇 전문화·개성화 전략은 단품(單品)을 취급하는 전문점
형태와 흡사하지만 어느 소매점이건 처음 장사를 시작하는
초기에는 거의 모두가 이같은 전문점의 형태를 답습한다. 그
러나 차츰차츰 힘이 축적되어 가면 마침내 종합 상품을 다루
는 대형점으로 변신하게 되는 것이다. 요는 소매점이 대형점
으로 이행하는 과정에는 여러 가지의 선택지(選擇肢)가 있지
만 무조건 상품의 다품종, 다양화만이 대형점으로의 전제조건
은 못된다는 것이다. 오히려 상품의 전문화·개성화가 대형점
못지 않게 고수익을 약속해 주는 일도 있다. 물론 이같은 전
략은 긴 안목에서 볼 때 결코 바람직한 대응책이라고 단언하
기는 어렵지만 오늘의 불황을 감안한다면 현실 타개책으로
한 번쯤 생각해 볼 문제가 아닌가 생각된다.

♣ Quality is never an accident; it is always the result of
intelligent effort.
「물건의 품질이 우연히 결정되는 일은 없다. 항상 지적인
노력의 결과 탓이다」

—존·러스킨(영국의 평론가)

27 삼현주의의 교훈

　상점 경영자가 꼭 지켜야 할 장사의 룰 가운데 「3현주의」
란게 있다. 즉 「현장」, 「현물」, 「현실」을 두고 하는 말이다.

　「현장(現場)」이란 일반적으로 상품을 파는 매장으로 생각하
기 쉽지만 좀더 폭을 넓혀 말한다면 자사가 판매하는 상품이
어느 곳에 있든지 판매자의 몸과 마음이 항상 그 물건과 함
께 있음을 뜻한다. 그럼에도 불구하고 상품을 팔 때에만 현
장에 있고 귀찮은 클레임(claim)이 발생했을 때에는 현장에서
도피하거나 증발해 버린다면 이 어찌 고객과 함께 한다는 말
이 되겠는가? 진정한 의미에서의 상점 경영자라면 판매하는
상품과 함께 호흡을 같이해야 하는 것이다.

　다음은 「현물(現物)」에 대해서이다. 판매자와 현물은 바늘과
실과 같은 종속성(從屬性)을 지니고 있다. 제아무리 훌륭한
상품이라도 파는 사람의 상품내용과 이용방법이 설명되지 않
으면 그 물건은 가치를 발휘하지 못한다. 실제로 사용하는 방
법을 실연(實演)해 보임으로써 상품의 가치가 나타나는 것이
다. 이 가치는 상품의 장점과 이점(利點)인데 이것이 손님에
게 충분히 납득되어야 한다. 상품이 팔리느냐, 안 팔리느냐는
바로 이 설명을 손님이 어떻게 받아들이느냐에 따라 좌우된
다. 따라서 상품, 즉 현물에 대한 설명과 데몬스트레이션은

고객의 구매동기 자극에 크게 영향을 미친다는 사실을 알아야 한다.

세 번째로는 「현실」에 대해서이다. 판매자는 상품을 팔 때, 반드시 현실을 중시해야 한다. 현실이란 「현재」의 상황을 뜻한다. 손님은 대부분 상품이 마음에 들지 않거나 조건이 맞지 않으면 구매를 다음 기회로 미루려고 한다. 「좀더 생각해 보고…」, 「내일 다시 오겠다」는 식의 현실도피성 핑계를 내세운다. 이럴 때 판매자가 어떠한 관점에서 현실을 수용하느냐가 중요하다. 이같은 현실적 상황을 판매의 호기(好機)—즉, 찬스로 받아들이고 적극적인 대응조처가 필요하다. 판매에는 현재가 있을 뿐 미래는 존재하지 않는다. 실제로 「내일 오겠다」던 손님이 과연 몇 사람이나 가게를 다시 찾아왔단 말인가? 손님이 상품에 대해 흥미를 일으키고 구매의욕이 움트고 있다는 걸 인지(認知)했다면 곧바로 판매의 매듭짓기(closing)에 들어가야 하는 것이다.

이상의 3현주의야 말로 매출을 증대시키는 요인이므로 상점 경영자는 꼭 명심해야 한다.

점내의 인간관계

　상점 경영에 있어서 인간관계가 그 얼마나 중요한가에 대해서는 새삼 말할 필요조차도 없다. 그렇다면 어떻게 하는 것이 바람직한 인간관계일까? 이 점에 대해 생각해 보기로 하자.

　첫째, 점내의 결속력을 다져야 한다. 점주의 역할은 마치 오케스트라의 지휘자와 흡사하다. 점주는 자신의 휘하에 있는 점원들이 최고의 능력과 재능을 발휘하도록 작용하지 않으면 안 된다. 그렇게 하려면 서로가 지니고 있는 개성을 잘 조화시켜야만 세련된 연주(일의 성과)가 가능하다. 물론 점주와 점원의 기능과 역할에는 차이가 있다. 그것을 서로가 명확히 인지하고, 잘 융화시켜 나갈 때 점내의 결속력은 강화되고 판매실적도 향상되는 것이다.

　둘째는 의사소통을 원활히 해야 한다. 커뮤니케이션이란 마음과 정서와 감정을 서로 나누어 갖기 위한 행위와 작용을 말한다. 즉, 말이나 미소나 표정이나 행위가 바로 그런 것들이다. 여기에서 특히 중요한 것은 '서로 나누어 갖는다'는 마음가짐이다. 예를 들어 윗사람이 자신의 생각을 알아주고 이해해 준다는 것을 인정했을 때, 그 부하는 말할 수 없는 만족감에 사로잡힌다.

　셋째는 부하를 신뢰하는 일이다. 무슨 일이건 「믿고 맡기는 것」과 「마지 못해 맡기는 것」은 결과적으로 엄청난 차이가 있다. 믿고 맡기는 것은 상대편의 인격과 능력을 인정해 주는 신뢰성이 함축되어 있기 때문에 부하는 최선을 다해 그 일을 성공시키려고 노력한다. 가끔 지혜로운 상점 경영자는 자신이 해야 할 중요한 일까지 부하에게 맡기는 일이 있다. 물론 부하의 능력을 충분히 검증하고 나서이다. 그러나 반대로 마지 못해 맡기는 일은 부하도 마지 못해 그 일을 하게 된다. 이렇게 되면 결과는 자연히 불만족스러운 결과를 나타낸다.

넷째는 부하가 한 일에 대해 칭찬을 해주는 일이다. 부하들은 상사로부터의 칭찬을 여간 보람 있게 여기지 않는다. 그렇다고 해서 무엇이건 무턱대고 칭찬하라는 것은 아니다. 분별없는 칭찬은 오히려 역효과를 부른다. 칭찬은 어디까지나 「사실」에 근거하여 「진실되게」하는 것이 좋다. 즉 부하의 「잘한 일」과 훌륭한 「성과」에 대해 진심으로 인정해 주는 것은 그들을 감동시킨다. 상점 내에서의 좋은 인간관계는 바로 상점주인인 당신의 손에 달려 있다.

♣ Never get angry. Never make a threat. Reason with people.
「성을 내서는 안 된다. 위협을 해서도 안 된다. 도리를 설득시키는 것이다」

—돈・클레오네(마피아 대부)

 # 클레임에 관한 전화응대

장사를 하다 보면 가끔 손님으로부터 문의전화나 항의전화가 걸려 오는 일이 있다. 이러한 경우 전화응대자가 어떠한 태도로 응대하느냐가 참으로 중요하다.

전화의 특징은 전화라는 수단을 통해 이루어지는 응대이기 때문에 자칫 소홀하게 상대방을 대할 우려가 있다. 한마디로 전화란, 말에 의한 의사소통(communication)이라는 점에서 그 중요성이 높이 평가된다.

따라서 누가 전화를 어떤 식으로 받느냐 하는 것은 적어도 장사라는 입장에서 볼 때 매우 중요한 일이라고 하겠다. 특히 클레임이 발생했을 때 고객으로부터 걸려 온 전화는 절대로 응대에 신중한 배려가 요구된다.

이와 같은 상황에서는 걸려 온 전화를 늦게 받는 것조차도 손님의 기분을 상하게 만든다. 일반적으로 전화는 신호음 소리가 세 번 울리기 전에 수화기를 든 다음 반드시 「감사합니다. ○○상점입니다」라는 말을 거의 습관적으로 입에 올려야 한다. 클레임의 경우는 손님의 심기가 매우 불편하고, 감정이 격앙되어 있기 때문에 가급적 말투는 공손히 부드럽게 하는 것이 좋다. 그리고 손님이 거친 말을 하거나 듣기 거북한 말을 하더라도 꾹 참고, 이성을 잃지 말아야 한다. 상대방은 상품을 사준 고마운 고객인데다가 클레임으로 피해를 입은 당사자이기 때문이다.

우선 상대방의 이야기를 귀담아 들으면서 중요한 것은 빼놓지 않고 메모를 해둔다. 그리고 이야기 내용 중에 석연치 않은 부분이 있으면 재차 질문을 해서라도 정확하게 알아두어야 한다. 이렇게 하여 손님의 이야기를 다 듣고 난 후 이쪽 견해를 대충 말해 준다. 가령 제품의 사용법을 몰라서 발생된 것이라면 일단 구두로 설명해 준 다음 사용설명서를 즉시 보내주겠다고 말해 준다. 그리고 고장수리의 경우라면 곧바로 기술담당자에게 전화를 바꾸도록 한다. 일반적으로 제품 자체에서 발생한 클레임은 현지에 직접 출장하여 점검 수리해 주는 것이 옳은 일이다. 「바빠서 갈 수 없어요」, 「며칠 후에 가겠어요」 따위의 응대는 상대방의 감정을 격분시키는 도화선 구실을 한다.

전화란 상대방의 격앙된 감정을 직접 눈으로 보지 못하는 이점(?)도 있지만 자칫 오해를 살 수도 있는 문명의 이기(利器)이기도 하다.

30 기본매장력과 상품매장력의 강화

상점을 찾는 손님들은 가게주인의 입장에서 본다면 매우 소중한 존재들이다. 이들은 물건도 사주며, 가게의 좋은 평판도 주위사람에게 선전해 준다. 그러나 다 그런 사람만은 아니다. 개중에는 공연히 트집을 잡거나 상품을 비하(卑下)하기도 한다. 그런가 하면 물건을 살듯 말듯 뒤적이다가 온통 수라장을 만들어 놓고 발길을 돌리는 사람도 있다. 이럴 때는 울화통이 터져 손님 등에다 대고 가시 돋친 분풀이를 하는 점원도 있다. 이같은 행위는 아주 잘못된 일이다. 오히려 손님의 입장이 되어 그들의 태도를 너그럽게 받아들이는 인내와 슬기가 필요하다.

또 고객의 입장이 되어 고객이 「무엇을 바라고 있는지」, 「무엇에 불만을 품고 있는지」 그리고 물건을 사지 않는다면 그 이유가 단순히 「아이템 부족인지」 아니면 「가게에 대한 혐오감 때문인지」를 규명해야 할 것이다.

이 같은 정보(고객의 생각)는 그들과의 의사소통을 통해 어느 정도 알아낼 수가 있으므로 물건을 사고 안 사고에 관계없이 매장에서의 손님과 많은 대화가 필요하다. 이렇게 하여 얻은 정보는 점포경영에 매우 유익한 자료가 된다. 어쨌든 어떤 손님이든 냉대하거나 차별대우를 해서는 안 된다.

요컨대 점포측은 필수적으로 완벽한 「기본매장력」과 「상품매장력」을 갖추어 둘 의무가 있다.

기본매장력은 매장 내의 쾌적성, 상품선택의 편리성을 도모하기 위한 진열방식, 대금계산의 신속성, 빠른 포장, 아늑한 점내 분위기 만들기, 화장실 이용의 안락성 등이 이에 속한다.

상품매장력은 제품의 선도(鮮度), 계절상품의 구색 갖추기, 주력상품의 효과적인 전시, 점포 내의 상품포스터 게시, 구입안내, 반품 또는 배송체제의 확립, 중요상품에 대한 정보제공, 상품구매촉진 기능 등을 확보하는 일이다.

그리고 매장관리자는 매장이 상품을 안전하게 보관하는 장소라는 인식하에 상품이 오손되지 않도록 수시로 체크를 해야 한다. 선도나 청결성을 유지하려면 기본적으로 상품이 변질되기 전에 빨리 팔아 치우는 것이 중요하다. 상품회전력이 높아지면 당연히 상품의 선도는 높아지게 된다. 경우에 따라서는 조이익(粗利益)을 희생시키는 일이 있더라도 염가판매를 결단하는 지혜까지 필요하다.

따라서 기본매장력과 상품매장력 강화는 필수적이다.

♣ **There is no better friend than a frank enemy.**
「솔직한 적(敵)보다 우수한 아군은 없다」
—다고버트·D·룬스(미국의 철학자)

31 고객수를 늘리고 객단가를 높여라!

전국에는 수많은 소매점들이 이렇다 할 노하우도 없이 주먹구구식 장사를 하고 있는 곳이 많다. 거기에다 최근 국내 경기가 급속히 냉각되면서 서민층의 소비지출은 급격히 둔화되어 대부분의 소매점들이 심한 몸살을 앓고 있다. 한편 대형 소매점들은 경영의 혁신과 리스트럭처링(구조개혁)을 통해 어려운 난국을 극복하려고 몸부림치고 있지만 이렇다할 해법을 찾지 못하고 있다. 특히 전국적으로 절대다수를 차지하고 있는 규모가 작은 소매점들은 점포 활성화대책에 속수무책이다. 하기야 장사가 잘되기를 바라지 않는 상점이 어디 있겠는가마는 현실적으로 그것이 뜻대로 잘 안되니까 문제이다. 여기에서 장사가 잘 되는 기본조건에 대해 생각해 보기로 하자.

그것은 첫째, 물건을 사주는 손님이 늘어나야 하고, 둘째는 객단가(客單價)가 높아야 하며, 셋째는 손님도 늘고 객단가도 향상되어야 한다는 것이다.

잘되는 상점은 외견상으로나마 이런 현상이 보여지는 듯하다. 손님이 늘어난다는 것은 손님에게 신뢰와 지지를 얻고 있다는 증거이다. 여기에는 반드시 그럴 만한 이유가 있을 것이다. 손님들은 참으로 영리하고 현명하다. 이들은 가게주인이 자신들을 위해 무엇을 해주며 어떻게 봉사하고 있는가를 잘 알고 있다. 만일 그들의 요구에 부응하지 못하면 손님들은 발길을 돌린다.

다음은 두 번째의 객단가 인상에 대해서이다. 매출액은 내객 수에 비례한다고 하지만 반드시 그렇다고는 할 수 없다. 손님이 물건을 사주지 않거나 값싸고 단가가 낮은 상품만을 구입한다면 객단가는 결정적으로 떨어진다. 번창하는 상점은 찾아온 손님이 능동적으로 구매에 참여하도록 만들며 가급적 단가가 높은 상품을 사도록 유도한다. 어쨌든 손님이 늘고 객단가가 높아지면 우량점포의 대열에 끼인다. 그러나 여기에서 반드시 자문자답해 볼 일이 있다. 그것은 「왜 손님이 늘어났는가?」, 「왜 객단가가 올라갔는가?」에 대한 원인을 분석함으로써 앞으로 더욱 알찬 상점운영이 가능해질 것이다. 특히 객단가를 끌어올리는 노력은 참으로 바람직한 일이다. 그러나 손님이 늘지 않아 억지로 객단가를 끌어올리는 방법을 쓴다면 문제가 생긴다. 손님도 객단가도 자연스럽게 향상되도록 하는 것이 정공법(正攻法)이다.

♣ If you don't know where you're going, any path will take you there.
「어디에 가는지를 알지 못한다면 어느 길을 가더라도 똑같다」

—수 족(族)의 속담

32 원점으로 되돌아가라!

란체스터 전략에 의하면 「경영이 최악의 상태에 빠질 때에는 원점으로 되돌아가라」는 말이 있다. 무릇 장사를 하는 사람이라면 이 경구(警句)를 한 번쯤 꼭 되새겨 볼 필요가 있다는 말이다.

경영위기는 하루아침에 찾아오는 것이 아니라 서서히 전조(前兆)를 동반하고 다가온다. 장사를 하는 사람이 전조를 감지하지 못한다거나 이에 적절히 대응하지 못한다면 결국 가게문을 닫아야 할 비운을 맞게 된다.

대응의 선택지(選擇肢)에는 여러 가지의 방법이 있지만 가장 기본적인 방법은 「원점에 돌아가 다시 출발」하는 일이다. 좀 옛이야기이긴 하지만 6.25사변이 끝난 후 국내의 모든 산업시설은 파괴되거나 황폐화되어 도저히 재기할 수 없을 정도로 최악의 상태에 이르렀다. 이같은 극한상황에서 온 국민들은 다시 시작한다는 원점사고에 입각하여 새로운 창조에 도전한 것이다. 장사꾼들은 새벽 일찍이 가게문을 열어놓고 손님맞이 채비에 바빴다. 그리고 일손이 모자라도 남을 쓰지 않고 가족끼리 일을 해냈다. 그리고 손님을 신주(神主)처럼 극진히 대하여 단골 만들기에 최선을 다했다. 이들이 바로 오늘의 산업을 일구어 낸 그루터기의 주인공들이다.

장사꾼의 원점의 사고는 장사를 처음 시작하는 창업자 정신을 뜻한다. 그것은 다음과 같다.

첫째, 양질의 상품을 적은 이윤을 남겨 손님에게 공급하는 일이다.

둘째, 많은 손님을 만들어 내기 위해 스스로 손님에게 접근하여 그들에게 도움과 이익을 제공해 주는 일이다. 여기에는 비타산적인 봉사와 희생이 따라야 하며 심지어 손님이 구입한 물건을 자택까지 운송해 주는 택배의 편의까지 제공해 주거나, 혼잡한 점포 앞에서 택시를 잡아주는 친절이 곧 손님을 만들어 내는 비결이 된다. 뿐만 아니라 반품이나 클레임을 기분좋게 받아주는 행위도 고객확대의 길이 된다.

셋째, 항상 장사를 처음 시작한다는 각오로 손님에게 최선을 다하되 경쟁자보다 2배, 3배 더 많이 노력하는 일이다. 그리고 불필요한 교만을 삼가고, 실수와 시행착오를 교훈으로 생각하여 겸허하게 받아들여야 한다. 특히 도산의 비극을 철저히 경계하고 초(超)안전성에 입각하여 자금운영에 철저를 기하고 인건비를 절감하기 위해 가족단위로 장사를 하는 것이 곧 원점의 사고이며 전략이라고 하겠다.

♣ Time is my biggest enemy.
「나의 최대의 적(敵)은 시간이다」

—버너드·어팰(레이디오 샤크 사장)

# 준비된 자가 성공한다

토스카니니는 이탈리아의 유명한 지휘자이다. 이 사람은 원래 첼리스트였지만 공연 중에 쓰러진 지휘자를 대신하여 지휘를 하다가 마침내 유명한 지휘자가 되었다.

그런데 중요한 것은 아무리 성공할 수 있는 절호의 기회가 찾아와도 그것을 소화해 내지 못하면 모처럼의 운도 물거품이 되고 만다. 그러나 토스카니니는 이같은 찬스를 넉넉히 소화해 낼 만큼의 능력을 평소에 쌓아두었던 것이다.

이와 마찬가지로 사업을 영위하는 경영자들은 어떠한 역경이나 어려움이 닥쳐오더라도 그것을 무난히 소화해 낼 만한 능력을 갖고 있을 때 비로소 성공은 가능하다. 능력이 있으면 운(기회)은 자연히 접근해 온다. 영국의 시인이며 수필가인 M·아놀드는 「우리는 해야 할 일을 하지 않고, 해서는 안될 일을 하면서 운이 찾아오기만을 기다리고 있다」고 했다.

모든 사업가들은 스스로 자신의 운을 만들고 있는 것이다. 우연히 성공한 사람은 이 세상에 한 사람도 없다. 성공이란 사람이 노력하고 기다릴 때 찾아온다.

늘 부럽게 여겨지는 선망의 기업들을 눈여겨 보자! 그들이 손을 대는 사업들은 웬일인지 성공률이 높다. 그렇다면 성공의 여신이 그들만을 총애한다는 말인가? 아니면 그들이 성공을 발굴해 내는 영감(靈感)이라도 갖고 있다는 말인가? 이것도 저것도 아니라면 그 까닭은 도대체 무엇 때문일까?

이에 대한 대답은 극히 간단하다. 그것은 그들이 성공을 낚기 위해 평소에 쉬지 않고 열심히 그물코를 떠 두고 기다렸기 때문이다.

우리나라 속담에 「그물이 천 코면 고기가 걸릴 날이 있다」고 했다. 부지런히 노력하며 준비하면 언젠가는 성공할 수 있다는 뜻이다.

겉보기에는 우연한 행운처럼 보이지만 그 행운(?)은 결국 올 곳에 온 것이고 소유할 사람에게 돌아간 것뿐이다.

사업자에게, 경영자에게, 장사꾼에게 그 행운이 언제 찾아올지 그 누구도 알지 못한다. 그러나 열심히 준비하고 노력하는 사람은 그 비밀을 알고 있다. 아마도 최선을 다하는 경쟁자도 그 비밀을 알고 있을게다. 지각이 있고 자신감이 넘쳐 흐르는 사람에겐 요행이란 있을 수 없다. 「하늘은 스스로 돕는자를 돕는다」고 분명히 약속하고 있다.

34 경영권을 사수하라!

모든 자연계가 다 그렇듯이 적자생존의 법칙 앞에서는 그 누구든 항거할 자가 없다. 기업체나 사업체도 예외가 아니다. 특히 역경의 시대를 살아가는 우리나라 기업풍토에는 적자생존의 모진 한파가 세차게 일고 있다. 그래서 기업들은 자구책을 강구하기 위해 살을 깎는 아픔을 참아가며 회생(回生)의 돌파구를 찾고 있다. 이 세상에 생명체가 존재하는 한 약육강식은 어쩔 수 없는 자연계의 생리이다.

그런데 기업계에는 비정한 약육강식의 모양새를 그럴싸하게 포장한 M&A(merger and acquisition)라는 기업통합방식이 행해지고 있다. 이 M&A는 80년대 미국에서 성행한 기업의 인수, 합병이 바로 그 원류(源流)가 된다. 이 방식에는 우호적인 매수나 합병이 있는가 하면 비우호적인 매수나 합병도 있다.

이제 우리나라 업계도 본격적인 M&A시대에 접어들고 있는데 여기에서 강조하고 싶은 것은 어디까지나 각자가 스스로의 경영권을 적극적으로 사수하거나 보호해야 할 처지에 있다는 점이다.

소매업계도 마찬가지다. 강자는 자신의 입지와 영역확대를 위해 약자에 대해 흡수전략이나 유린전략을 구사하여 자기소유화하거나 때에 따라서는 걸림돌이 되는 장애물을 쓸어버린다. 그러므로 체력이 약한 소매업자(상점·가게 등)들은 개체 (個體) 보존을 위해 강자의 횡포가 미치지 않는 상권이나 영역을 개척하지 않으면 안 된다. 그리고 자신의 체력이나 능력을 무시하고 강자를 흉내내는 것은 지극히 위험한 발상이다.

체력이 약한 점포가 체력이 강한 점포와 대결하여 살아남으려면 침투하려는 시장에 대한 「절대적 수요의 과잉여부 조사」, 「자신의 능력과 시장 장악력의 평가비교」, 「강자의 전략과 자신의 전략의 차이점」 등이 중요한 키포인트가 된다. 이와 같은 요건들을 세밀히 분석한 다음, 시장참여를 결정하는 것이 현명하다.

최근 심한 경제불황으로 문을 닫는 기업들이 속출하고 있는데 특히 선단식(船團式) 경영과 문어발식 경영의 적폐(積弊)로 인하여 이름 있는 대기업들이 맥없이 주저앉는 현상들을 바라보면서 모든 소매업자들은 이것을 경영의 타산지석으로 삼아야 할 것이다. 취약한 지반에 세워진 건물은 약한 미진(微震)이 스치고 지나가도 치명적인 타격을 입는다. 바로 이 점이 중요하다는 말이다.

# 35 새 술은 새 부대에…

뜻을 이룬 사람, 성공을 한 사람, 이 모두가 플러스 발상을 한 사람들이다. 플러스 발상을 하면 모든 일들이 플러스 방향으로 전개되고, 반대로 마이너스 발상을 하면 모든 일들은 마니너스 방향으로 전개된다. 여기에서 말하는 플러스 발상은 긍정적인 사고를 말하며, 마이너스 발상은 부정적인 사고를 뜻한다.

사업이나 장사도 마찬가지이다. 긍정적인 생각으로 장사를 하면 웬일인지 의욕이 생기고 희망이 넘쳐 하는 일이 잘 진척된다. 남들이 안된다고 한숨쉬고 있을 때 자신은 「하면 될 것이다!」라는 굳센 의지로 장사를 하면 제아무리 불황의 골이 깊더라도 이상하리만큼 어려운 문제가 매끄럽게 풀려 나가는 것을 경험하게 된다.

지난날 노스웨스턴대학 총장을 지낸 스코트 박사는 「사람들은 그 어떠한 일을 해보지도 않고 안된다! 안된다!고 한탄만 한다. 바로 이같은 부정적인 사고가 그들의 성공을 가로막는 브레이크 구실을 하고 있다」고 말했다. 또, 미국의 철학자이자 심리학자인 머피도 인간심리에 관해 많은 이론을 제기했는데 특히 그는 자신의 이론을 몸소 실천하고 검증한 사람으로서도 유명하다. 그의 주장이나 이론을 한마디로 요약하면 「좋은 생각을 하면 좋은 결과가 나오고, 나쁜 생각을 하면 나쁜 결과가 나온다. 그러므로 누구든지 항상 긍정적인 사고를 가지고 모든 일에 임하면 반드시 그 결과가 좋게 결실될 것이다」라고 말했다.

오늘날 경제가 뒤틀리고 경기가 침체된 상황에서도 긍정적인 플러스 발상으로 장사를 한다면 불황을 이겨 낼 수 있는 활로가 반드시 열릴 것이라고 확신한다. 다만 다음과 같은 마음가짐과 행동이 전제되어야 하는데 그것은 첫째, 생각을 바꾸는 일이다. 「새 술은 새 부대에 넣어라」는 말이 있다. 새로운 패러다임(paradigm)은 낡고 진부한 사상이나 사고에서는 결코 태어나지 않는다. 둘째, 목적을 성취할 수 있는 방법론을 찾아내어 그것을 수단화하는 일이다. 아무리 훌륭한 프로그램이 설계되어 있더라도 그것을 실행에 옮기지 못하면 아무 소용이 없다. 셋째, 반드시 목적을 이루어낸다는 의지와 확신이 필요하다.

「신념을 가지고 행동하면 귀신도 막지 못한다」는 사마천(司馬遷)의 말이 있지 않은가? 장사꾼의 근성은 바로 역경 속에서 찾아볼 수 있어야 한다.

36 공격적인 점포운영

소비가 둔화되고 수요가 감소하면 점포를 운영하는 경영주들은 시름과 고민에 사로잡히기 마련이다. 그중에서도 가장 큰 고민거리는 앞으로 가게운영을 어떤 방식으로 할 것인가 하는 문제다.

일반적으로 점포운영방식은 두 가지 패턴으로 나누어지는 것이 보통이다. 즉 「강성(强性)경영」과 「연성(軟性)경영」의 형태이다.

「강성경영」이란 적극적이며 저돌적인 경영을 말하며, 「연성경영」이란 소극적이며 폐쇄적인 경영을 말한다.

일부 학자나 경영 컨설턴트 중에는 불황시대의 경영은 「연성경영」이 바람직하다고 충고하지만 오히려 불황일 때일수록 「강성경영」을 해야 한다고 주장하는 사람도 있다.

강성을 주장하는 이유는 매출이 부진하고 시장이 얼어붙을수록 적극적인 경영이 필요하다는 논리이다. 물론 적극적인 경영을 위해서는 사업비를 자극하여 보다 많은 자금투입이 예상되지만 투자는 고객을 위해 쓰여지는 것이기 때문에 결과적으로 손님을 끌어들이는 집객(集客)효과를 가져오게 한다. 뿐만 아니라 가게에 찾아오는 손님들에게 보다 적극적이며 효율적인 어프로치를 하게 되므로 매출증대도 커진다는 것이 이들의 변(辯)이다.

　과거 저성장, 불황시대에 선진국 기업들이 무기력하고 폐쇄적인 경영을 한 까닭에 회복세가 늦어지고 경영이 지지부진했던 것을 상기해 볼 필요가 있다.

　물론 불황기에는 점포의 유지비나 판촉비용을 절감해야 하지만 감축에는 한계가 있다. 가게문을 닫지 않는 이상 필요경비의 지출은 어쩔 수 없는 일이다. 그럴 바에는 차라리 강성경영으로 방향을 바꾸어 수요창조에 나서는 것이 오히려 불경기를 극복하는 길이 아닐까 하는 발상도 해볼 수 있다. 이를테면 공격적인 경영으로 불황에 대항한다는 전략이다.

　일반적으로 소매업자들은 불황기에 접어들면 서로 약속이나 한 것처럼 자금과 인력의 규모를 축소하는 것이 관례처럼 돼왔다. 그러나 이와 같은 소극적이며 폐쇄적인 경영이 과연 얼마만큼 영업에 도움이 될 것인가를 냉정히 생각해 볼 필요가 있다. 요는 휴면상태의 점포는 경비절감 이상의 비싼 대가를 치른다는 사실을 잊어서는 안 된다.

♣ The great man is the man who does a thing for the first
　time.
「위인이란, 그 누구도 시도해 본 일이 없는 것을 해낸 인간이다」

—알렉산더 · 스미스(스코틀랜드의 시인)

37 고객을 중시하면 손님은 찾아온다

경영의 확대는 성장을 뜻하며 경영의 축소는 몰락을 가져 올 수도 있다.

어쨌든 경영이 영원히 살아남는 것을 목표로 해야 한다. 불황이니까, IMF시대니까 하는 명분을 앞세워 주춤거리면 결국 경영을 죽음으로 내몰게 된다. 아무쪼록 과거의 축적을 탕진하는 일이 있어서는 안 된다.

장사가 잘되는 비결 중 하나가 손님을 늘리는 일이다. 손님이 늘어나는 한 경영은 탄탄해 가지만 그렇다고 해서 새로운 손님 늘리기에만 급급하면 애써 확보해 둔 기존 고객들이 하나 둘 빠져 나가 결국 고객집단의 체질은 약해지게 된다. 그러므로 균형잡힌 고객관리가 무엇보다도 필요하다. 특히 지금까지 꾸준히 가게를 이용해 준 단골손님은 절대로 소홀히 다루어서는 안 된다. 경쟁이 치열한 상권 내에서의 대형 양판점이 흔히 이같은 누수현상을 보여준다. 요컨대 기존 고객을 우선적으로 감싸안고 새로운 고객을 늘려가야 한다.

요즘처럼 저(低)성장이나 불황일 때일수록 손님에 대한 관심이 더욱 강화되어야 한다. 그리고 저가주의(低價主義)나 디스카운트식 영업정책은 결코 바람직하지 못하다. 그러다가 값싼 특매품이 끊기는 날에는 염가정책으로 흡수한 고객은 하루아침에 모래성처럼 무너져 버린다. 이처럼 정략적이고 타산적인 점포운영방식은 손님을 인간관계의 사슬로 묶어두지 못하고 허망하게 종말을 자초하게 된다. 점원들이 손님을 중시하면 손님들도 모여들지만 반대로 그들을 경시하면 손님들은 뿔뿔이 흩어지기 마련이다. 이럴진대 손님을 잡아두는 일, 손님을 정착시키는 일, 손님을 가족화하는 일은 결국 점원의 책임이라고 할 수 있다. 그리고 이와 같이 되기 위해서는 점원과 손님 사이에는 따뜻한 인간적인 유대가 확립되어야 한다.

미국의 유명한 오페라 가수 마리안 앤더슨 여사는 「남을 증오하면 그만큼 많은 시간을 헛되게 한다(You lose a lot of time hating people)」고 했다. 뒤집어서 말하면 손님에게 애정을 가지면 그만큼 판매의 시간이 단축된다는 말이다.

사랑·성실·신의로 손님을 대하면 고객은 영원히 당신의 반려자가 되어줄 것이다. 그러나 불행히도 그렇게 되지 못할 때 당신은 몰락의 운명을 각오해야 할 것이다.

♣ Treat the customer as an appreciating asset.
「고객은 값이 폭등한 자산으로 다루어야 한다」
—톰·피터즈(미국의 비즈니스라이터)

38 특색 있는 집객장치의 마련

장사가 잘되려면 가게에 손님이 많이 찾아와야만 한다. 손님이 많다는 것은 곧 물건이 많이 팔릴 수 있다는 것이다. 이렇듯 손님을 끌어들이는 힘을 「집객력(集客力)」이라고 말하며, 손님을 끌어들이는 수단과 방법을 「집객장치」라고 말한다. 이 집객력과 집객장치는 기업의 사활을 좌우할 만큼 중요한 역할을 하는데 이같은 집객정책을 위해서는 참신한 발상과 아이디어가 필요하다.

현대적 집객장치의 원점은 누가 뭐라고 말해도 백화점을 제쳐놓을 수가 없다.

프랑스 혁명의 정치적 산물인 「군집(群集)의 심리」를 손님이라는 대상으로 바꾸어 상업적 잠재력과 결부시킨 사람이 바로 세계 최초의 백화점 경영자인 부시코(1810~1877)였다.

그는 자신이 경영하는 백화점 「봉마르세」를 중심으로 전개한 집객활동은 참으로 놀라운 것이었다.

부시코는 손님과 점원간의 인간관계가 무엇보다도 중요하다는 것을 인식했으며, 손님이 가게 안에 들어오면 꼭 물건을 사야 한다는 종래의 관념을 버리고, 「부담 없이 구경을 하세요」라는 상업상의 자유주의와 어떠한 손님도 차별하지 않고 우대한다는 「손님 제일주의」의 평등주의를 앞세워 점포를 운영해 나갔다. 이것이 크게 주효하여 손님에게 사랑받는 백화점으로 자리잡게 된 것이다.

뿐만 아니라 적극적인 집객활동을 전개하여, 사람들이 많이 몰려드는 기차역이나 공원, 극장 또는 버스정류소 등을 상품선전의 교두보로 삼았다.

한편 문화적 집객장치로서 백화점 내에 「교양교실」과 「사교클럽」을 마련하여 상류층의 유한 부인과 남성들을 흡수하여 쇼핑의 기회를 제공했다.

오늘처럼 손님의 발길이 뜸해지고 매출이 떨어져 힘겨운 싸움을 벌이고 있는 우리 소매업이 살아남기 위해서는 색다른 발상과 아이디어로 마련된 집객장치가 요구된다. 탈진상태에서 막연히 손님을 기다리는 소극적인 자세를 버리고 적극적으로 고객을 끌어들이는 노력이 필요하다. 이렇게 하기 위해서는 우선 경쟁자가 하고 있는 방법을 눈여겨 보아야 한다. 그리고 점포의 하드(hard:매장시설)도 중요하지만 소프트(soft:판매방법)에 더욱 신경을 써야 한다.

요는 어떻게 하여 손님을 가게에 끌어들이며 어떻게 하여 매출을 올릴 것인가가 이 시대의 과제라고 하겠다.

가장 바쁜 시간이 고객만족을 해친다

한창 바쁜 시간에는 정상적인 판단이나 행동을 하지 못한다. 바로 이러한 시간에 손님을 소홀히 다룰 염려가 있다.

예를 들어 이름 있는 음식점의 경우, 손님이 한꺼번에 몰려드는 점심시간에는 본의 아니게 응대가 소홀해지는 일이 있다. 이를테면 말이나 행동이 거칠어지거나 불손해진다는 것이다. 이렇게 되면 자연히 서비스의 질은 떨어지고 손님에게 불쾌감을 주게 된다. 물론 손님의 입장에서는 바쁜 것은 이해하지만 서비스의 질이 떨어지는 것은 참지 못한다.

결국 푸대접(?)을 너그럽게 받아들이지 못한 손님은 다른 음식점으로 발길을 돌릴 수밖에 없다.

따라서 장사를 하는 입장에서는 「가장 바쁜 시간이 고객만족을 위협하는 시간」이라는 것을 염두에 두고, 이에 대한 적절한 대응책을 강구해야 할 것이다. 손님이 한꺼번에 많이 몰리는 바쁜 시간대야 말로 그 가게의 참모습(서비스의 질)을 보여주는 기회가 된다는 점을 명심해야 한다. 바쁜 시간대에도 「기분좋은 서비스」, 「친절한 봉사」를 할 수 있는 가게는 손님으로부터 사랑과 신뢰를 받는다.

오늘의 시대를 스피드 시대라고 말한다. 이 말은 현대의 비지니스가 시간을 축(軸)으로 전개된다는 뜻이다. 시간이 이처럼 비지니스 사회에서 큰 몫을 차지하는데도 시간을 테마로 이것을 체계화하여 신속히 움직이려는 노력들이 부족하다.

기업활동은 바로 시간과의 싸움이다. 내가 바쁘면 손님도 바쁘다는 인식이 필요하다. 바쁜 사람이 바라는 절실한 만족은 「기다리는 시간」을 최소화하는 일이다. 「내가 바쁘니까…」라는 사고는 결코 합리화될 수 없다. 내 시간 때문에 남의 시간을 희생시킨다는 것은 이만저만의 횡포가 아니다.

시간의 경제적 손실을 따진다면, 기다리는 손님이 많을수록 나 하나 때문에 그들의 손실은 참으로 엄청난 액수에 이를 것이다. 많은 사람들을 상대로 장사를 하는 사람은 이 점을 절대로 가볍게 생각해서는 안 된다. 일손이 모자라면 고용을 시간제로 늘리는 방법도 생각할 수 있다.

또는 업무의 간소화, 작업의 일관성도 생각해 볼 수 있다. 요는 어떠한 경우라도 「고객만족」이 훼손되어서는 안 된다는 것이다.

따라서 가장 바쁜 시간대에 어떤 방법을 사용해서라도 고객만족에 최선을 다해야 한다.

♣ Other people's time, like your time, is limited.
「다른 사람의 시간에도, 당신의 시간처럼 한도가 있다」
—윌리엄 · 온켄 · 쥬니어(미국의 매니지먼트 라이터)

40 구매를 좌우하는 첫인상

　손님을 어떻게 다루느냐에 따라 손님의 마음이 즐거울 수도 있고 우울해질 수도 있다. 한마디로 손님은 가게의 분위기와 점원의 첫인상에 좌우되어 상품을 사기도 하며, 안 사기도 한다.

　가령 당신이 쇼핑을 하러 어느 가게에 갔다고 하자. 그런데 그 가게의 점원이 무뚝뚝하게 당신을 대한다면 당신은 몹시 기분이 나빠 즉시 그 가게에서 발길을 돌릴 것이다.

　이렇듯 사람의 마음은 감정적이며 감상적인 데가 있어, 조그마한 분위기나 느낌의 차이로 마음을 상하게도 하며 누그러뜨리기도 한다. 그래서 점원의 본의 아닌 실수나 실책 때문에 가끔 양질의 손님을 놓치기도 한다.

　일반적으로 손님의 첫인상을 좌우하는 것은, 손님이 가게 안에 들어섰을 때이다. 손님의 신경은 유난히도 섬세하여 점원이 자신을 대했을 때의 태도를 놓치지 않고 마음속으로 저울질한다.

　이 때 점원의 따뜻한 눈길, 부드러운 미소, 상냥한 인사말, 절도 있는 태도와 동작이 호의적으로 받아들여질 때, 비로소 손님은 「그만하면 됐어!」라는 생각을 갖게 된다. 이렇게 되면 손님은 「그럼 이 가게에서 쇼핑을 해볼까…」하는 마음속의 양해가 성립된다.

그 후 이 손님이 상품을 구입하느냐, 안 하느냐의 결과는 전적으로 점원에게 달려 있다. 점원이 손님에게 주는 첫인상은 이처럼 중요하다.

그러므로 자신의 모습이 손님들에게 어떻게 비쳐질까 하는 것을 항상 염두에 두는 자세가 필요하다.

프랑스의 시인이며 소설가인 레니에는 「여성이 거울 앞에서 자기자신을 비춰보는 까닭은 단순히 자신의 자태를 보기 위해서만이 아니다. 즉, 자신이 남에게 어떻게 보여지는가를 확인하기 위해서이다」라고 말했다. 이것은 자신의 인상이 얼마나 중요한가를 웅변적으로 말해주고 있다.

은행이나 보험회사가 창구에서 일하는 직원들에게 일상적으로 「첫인상을 좋게 하는 훈련」을 시키는 까닭을 우리는 알고 있어야 한다.

아마도 고객의 소중한 돈을 맡아 관리하는 금융기관의 신뢰성을 고객에게 심어주기 위함이 아닐까?

호감이 가는 첫인상! 그것은 신뢰의 상징이기도 하다.

♣ Someone who gets no help makes no progress.
「누구로부터도 도움을 받지 못하는 인간은 발전하는 일이 없다」

—로버트・하프(로버트 하프 인터내셔널 사장)

 # 고객만족의 곱셈등식

　지난날의 고객만족평가는 「상품」, 「서비스」, 「기업이미지」의 3가지 요소를 합쳐서 고객 스스로가 결정하였는데 오늘날에는 그 평가방식이 종전의 덧셈방식이 아니라 곱셈방식으로 바뀌어졌다. 좀더 구체적으로 설명한다면 과거에는 상품이 좋고 값만 싸면 다소 서비스가 미흡하고 기업이미지가 나쁘더라도 손님들은 물건을 구입했다.

　그러나 생산이 오토메이션(자동)화 되고 수많은 우량 제품들이 시장에 쏟아져 나오면서 소비자의 구매패턴도 물건제일주의 사고에서 서비스를 중시하는 방향으로 점차 변질되어 대부분의 소비자들이 상품 못지 않게 마음의 풍요와 서비스를 요구하게 되었다.

　이와 같은 여건에서는 상품·서비스·기업이미지 이 3가지 요소 중 그 어느 하나라도 불만이 있으면 그것만이 감점(減點)되는 것이 아니라 전체를 거부해 버리는 곱셈등식의 시장환경이 된 것이다.

　예를 들어 상품이나 기업이미지는 괜찮지만 서비스가 나쁘거나 또는 상품이나 서비스는 괜찮지만 기업(상점)에 대한 이미지가 나쁠 경우, 전체의 노력은 한순간에 물거품이 되는 것이다. 기업이나 가게를 운영하는 업자로서는 참으로 뼈아픈 일이 아닐 수 없다. 좀더 알기 쉽게 말하면 지난날에는 어느 한 곳이 나쁘면 1점만이 감점되어, 「100 - 1 = 99」가 되었지만, 오늘의 고객만족시대에는 어느 한 곳이 나쁘면 「100 - 1 = 0」가 되는 곱셈등식이 적용되어 전체가 무시되거나 거부되는 현상을 일으키고 있다. 하나의 잘못이나 부주의 때문에 전체가 붕괴되는 결과가 될 수 있다는 것이다. 이 제로(0)의 답안(答案)에 날개까지 붙어 악평까지 퍼져 나가면 지금까지 공들여 가꾸어 놓은 잠재고객층은 하루아침에 쑥대밭이 되고 만다.

우리들은 평소 고객에 대한 작은 실책이나 과오에 대해 무신경했으며 과소평가했던 것이 사실이다. 그러나 그 하찮은 실수 때문에 전체가 붕괴되는 물리작용에 전율을 느끼지 않을 수 없다. 평소 매장에서는 이런 불만족의 티끌이 알게 모르게 상품, 서비스, 가게의 이미지들을 통해 손님들의 마음에 떨어지고 있다는 것을 인식해야 한다.

# 고객만족을 꽃피우는 마음가짐

고객에게 만족을 주어야 한다는 자세는 장사를 하는 사람에겐 극히 당연한 기본적인 사고이며 원점의 마음가짐이다.

따라서 무엇보다도 중요한 것은 모든 영업활동을 「손님 제일주의」의 중심축(中心軸)에 초점을 맞추고 전개해야 한다.

솔직히 말해 지난날의 손님만족사상이나 서비스는 장사를 꾸려 나가기 위한 계산된 정책이며, 또한 그같은 정책을 통해 이익을 챙기려는 타산적 속셈이 깔려 있음을 부인할 수 없다. 그러나 이 고객만족사상은 영리주의를 초월한 인간중심의 희생적 봉사에서 그 의미를 찾아야 할 것이다. 이와 같은 초월적인 고객만족의 정신에서 장사를 하는 사람은 모든 상황을 유리하게 바꾸어 놓을 수 있다.

우선 취급하는 상품이나 서비스에 대한 관념부터가 달라진다. 장사를 하는 사람이 가장 발목을 잡히기 쉬운 것이 자만과 우월감이다. 물론 그러한 우월감과 자만심이 꼭 나쁘다는 것은 아니다.

그러나 경계해야 할 것은 그 같은 우월감이나 자만심 때문에 손님을 우습게 보거나 경시하는 일이 더러 있다는 것이다. 특히 독과점 상품을 판매하는 경우는 더욱더 그러하다.

좋은 상품과 좋은 서비스를 제공한다는 것은 앞에서도 언

급했듯이 판매자로서 당연한 일이며, 그런 것이 공치사의 대
상이 될 수가 없다.

　장사가 오래오래 건강하게 지속되려면 고객만족이라는 중
심축에서 절대로 이탈해서는 안 된다. 그것이 비록 장사의 이
윤추구를 가로막는 역리(逆理)작용이 될지라도 끝까지 고객만
족을 외면해서는 안 된다. 물론 당장은 손실처럼 여겨질지 몰
라도 결과적으로는 손실의 수십 배, 수백 배를 능가하는 이
익의 원천이 될 것이다.

　즉,「어떻게 해야 팔릴 것인가? 어떻게 해야 이익을 낼 것
인가?」가 아니라 「어떻게 해야 손님을 만족하게 만들 것인
가?」를 생각하는 사고가 장사의 본질이다. 오늘날 허탈과 공
허감에 사로잡혀 있는 사람(손님)에게 더없이 필요한 것이
고객만족의 젖줄이다.

　고객만족의 현수막이 걸려 있는 영업장 내에서 짜증스런
표정·말투를 보여주는 일은 자칫 고객만족에 찬물을 끼얹을
수도 있다. 고객만족은 작은 일에서부터 시작된다.

♣ A business that makes nothing but money is a poor kind
of business.
「돈 이외에 아무것도 생산해 내지 못하는 비즈니스는 빈곤
한 비즈니스다」
―헨리·포드(포드 창설자, 자동차왕)

43 스칸디나비아 항공사의 교훈

경영이론 가운데 매출이 신장되지 못하면 경비를 줄여서라도 이익을 확보하라는 말이 있다. 그래서인지 기업이 불황에 휩싸이면 거의 모든 사업장이 초주검이 되어 경비절감을 하느라고 야단법석을 떤다.

1980년대에 불어닥친 극심한 항공운수업계의 불황으로 어느 항공사이건 하나같이 경비절감에 정신이 없었다. 그러나 유독 스칸디나비아 항공사만은 이렇다 할 경비절감이 없이 매출증대를 지속해 갔던 것이다. 그렇다면 이 회사의 그같은 경영비법은 과연 무엇일까?

당시 갓 부임한 39세의 칼슨 사장은 고객만족의 중요성을 인식하고 전사적으로 고객만족운동을 전개하면서 「진실의 순간(moment of truth)」이라는 캐치프레이즈를 내걸었다. 그리고는 칼슨 사장은 고객만족을 제공하는 가장 효과적인 시기가 바로 손님을 처음 대하는 어프로치(접근)의 순간인데 이때 손님에게 진실된 모습을 보여주어야 된다는 것이다. 이 진실의 모습이란 한마디로 거짓과 꾸밈이 없이, 바르고 참되게, 성실한 태도로 손님을 대한다는 것이다.

칼슨은 이 순간적인 접촉을 통해 손님이 얼마나 만족감을 느끼느냐에 따라 경영의 승패가 가려진다고 확신했다. 그리고 어떻게 해야만 손님에게 좋은 이미지를 심어줄 수 있느냐에 대해 그는 다각적으로 생각을 거듭했다.

한편 이 「진실의 순간」 활동은 회사전체가 동시에 추진해야 한다는 것을 깨닫고 이것을 범사적으로 확대해 나갔다.

이 색다른 경영방식이 좋은 성과를 거두게 되자 전세계의 기업경영자들은 스칸디나비아 항공사로부터 다음과 같은 교훈을 배웠다.

첫째, 손님이 만족을 체험하면 오래오래 거래를 지속해 준다는 점과, 둘째, 손님이 만족을 얻으면 본사가 어려움에 처할 때 서로가 협력해 도와준다는 점이다.

「진실의 순간」은 손님을 처음 대할 때부터 마지막까지 만족을 제공해 주는 데 큰 뜻이 있다. 사상 유례 없는 항공운수업계의 불황을 거뜬히 극복한 SAS(스칸디나비아 항공사)사의 기적은, 어려울 때 집중적으로 도와준 고객들의 도움 때문이었다. 그것은 바로 「진실의 순간」이 꽃을 피우고 열매를 맺은 노력의 결과라고 하겠다.

44 고객만족과 컴플레인 처리

　손님이 상품이나 서비스에 대해 불평불만을 제기해 오면 그것을 호의적으로 받아들여 신속히 해결책을 강구해야 한다. 절대로 불쾌한 생각을 갖지 말고 꾸물거리거나 늑장을 부려서는 더욱 안 된다. 손님의 불만은 마치 피부에 생긴 혹처럼 시간을 끌면 끌수록 더욱 커질 뿐이다. 결국 그 혹을 도려내지 않으면 문제가 생긴다.

　비록 하찮은 불평불만이라도 손님의 고충을 진지하게 받아들이는 관심이 필요하다. 가끔 손님들은 억지를 쓰거나 어처구니없는 소리를 할 때도 있다. 심지어 화를 내거나 욕설을 퍼붓기도 한다. 그러나 인내심 있게 그들의 이야기를 귀담아 들어야 한다. 손님이 더 이상 할말이 없을 때까지 참고 들어야 한다. 그래서 손님의 이야기가 다 끝나면 그때부터 당신이 말할 차례이다.

　우선 당신은 손님에게 정중히 사과를 해야 한다. 자신의 잘못이건 동료의 잘못이건 우선 사과부터 먼저 한다. 이유는 간단하다. 자신의 가게에서 사 간 상품 때문에 발생한 컴플레인(complain)이므로 도의적인 사과는 당연한 일이다. 그런 다음 손님이 제기한 문제점을 정리하여 요점을 손님에게 재확인하도록 한다. 이같은 행위는 손님의 의사를 정확히 인지하기위함도 되지만, 그의 이야기를 진지하게 귀담아 들었다는 것을 보여주기 위해서도 필요하다.

두 번째는 손님이 제기한 고충에 대해 결코 책임을 회피하거나 발뺌을 해서는 안 된다. 손님에게 누를 끼친 책임이 누구에게 있느냐 하는 것보다도 그 문제를 어떻게 풀어나갈 것인가에 대해 더욱 진지하게 생각해야 한다.

세 번째는 손님의 오해 때문에 불만이 발생했다면 그것을 잘 설명해 주어 오해를 풀도록 노력해야 한다. 이럴 경우 손님에게 무안을 주거나 심하게 몰아 세우는 일은 절대로 해서는 안 된다.

네 번째로 손님이 제기한 문제점을 자기반성의 소재로 삼아 앞으로 이같은 일이 재발되지 않도록 힘써야 한다.

다섯 번째는 손님의 불평불만을 깨끗이 해소시켜 준 다음 다시 한 번 앞으로의 우정을 부탁한다.

이와 같은 과정을 거치는 동안 고객과의 관계는 더욱 밀접한 관계로 발전하게 될 것이다.

♣ To have a grievance is to have a purpose in life.
「불만을 품는다는 것은 인생에 목표를 갖고 있다는 것이다」

—엘릭·흄퍼(미국의 작가)

45 판매의 열쇠는 타이밍이다

　야구용어 가운데 적시타(適時打)라는 말이 있다. 이 말은 가장 적절한 시기에 공을 때려낸다는 말로서, 이 적시타 한 방으로 뒤진 전세를 뒤집기도 하며 승리를 낚아채기도 한다. 같은 의미로 영어에도 타이밍이라는 말이 있다. 좋은 결과를 얻기 위해 마련된 시간적인 선택을 뜻한다. 한마디로 모든 경쟁에는 이렇듯 타이밍이 필요하며, 적시타가 요구된다. 그리고 이 두 개의 요소에는 반드시 예리한 직감력과 정확한 선택안이 있어야 한다.

　여기에서 장사의 경우를 생각해 보자. 「물건을 언제 팔 것인가」의 「언제(어느 때)」는 곧 타이밍을 의미한다. 막연하게 시기(타이밍)에 관계없이 팔기만 하면 된다는 사고방식은 안 된다. 야심에 찬 판매원은 기회에 민감하여 일단 타이밍을 잡으면 그것을 놓칠세라 적시타를 날린다. 마치 먹이를 노리는 독수리처럼 찬스에 민감한 사람이 장사에 성공한다.

　가게주인과 종업원이 서로 사인을 주고받으며 호흡을 같이 할 때 비로소 장사는 번창해지는 것이다. 그것은 손님응대, 서비스, 판매, 택배, 재고관리 등 모든 타이밍에 의해 승패가 가름난다.

　어느 가게의 판매원은 손님과 호흡이 잘 맞지 않는다고 고충을 털어놓는다. 그 까닭은 손님의 생각과 마음을 제대로 읽지 못한 탓이다. 시기와 여건과 환경과 유행에 따라 손님이 무엇을 생각하고 있으며, 무엇을 바라고 있는가를 꿰뚫어 보는 눈이 필요하다.

많은 돈을 들여 매장의 디자인을 바꾸거나 시설을 보완한다고 해서 매출이 증가하는 것은 결코 아니다. 오히려 분수에 맞지 않은 지나친 투자가 화근이 되는 경우도 있다. 대부분의 경우 매출이 오르지 않는 까닭은 타이밍에 포커스를 맞추지 못한 데에서 비롯되는 경우가 많다.

중국 춘추시대의 사상가인 열자(列子)는 「때를 잡는 자는 흥하고, 때를 놓치는 자는 망한다」고 했으며 영국의 작가 T. 플러도 「현명한 사람은 타이밍을 행운으로 바꾼다」고 말했다. 우리 판매원들이 명심해야 할 것은 무쇠가 달아 있는 동안에 망치로 두들겨야 원하는 물건을 만들어 낼 수 있다는 것과, 알맞은 때의 한 바늘이 나중의 아홉 바늘을 절약한다는 교훈에 귀를 기울여야 할 것이다.

♣ Time is money, and the way we spend it is the principal thing of interest about it.

「시간은 돈이다. 그리고 가장 흥미로운 것은 시간의 사용법이다」

―회계사의 격언

46 최고 경영자의 능력

경영이 위기에 몰렸을 때 스태프(간부)진이 아무리 우수한 인재로 구성되어 있어도 기업의 최종 운명을 결정짓는 사람은 과장이나 부장급이 아니라 경영의 총책임을 진 톱(최고 경영자)이다. 그래서 사장의 능력은 남보다 월등히 뛰어나고, 판단력도 정확해야 된다는 것이다.

그렇다면 어떠한 자질을 구비한 사람이 유능한 톱이라고 할 수 있을까? 이같은 질문에 대해 모대학 교수의 흥미로운 연구결과가 있다.

이 학자는, 어려운 역경과 싸우면서 줄곧 성장일로를 달려온 몇 사람의 기업경영자를 대상으로 그들의 경영방식과 관리형태를 관찰해 보고나서 최고 경영자가 지녀야 할 필수적인 자질 3가지를 꼽았다. 첫째는 미래지향적인 패러다임, 둘째는 전략적인 의사결정, 셋째는 강력한 리더십이었다. 그리고 그는 이같은 자질에 대해 조언까지 곁들였다.

우선 「미래지향적 패러다임」에 대해서인데 적어도 최고 경영자는 어떤 현상을 좌우하는 본질적인 문제를 종합적으로 분석하여, 보다 개선된 미래에 대처할 수 있는 방법론을 갖고 있어야 한다는 것인데 이와 같은 지혜를 갖고 있지 못하면 그 기업은 크게 성장할 수가 없다는 것이다.

그리고 두 번째의 「전략적 의사결정」에 대해서는 어떤 일을 결정하거나 결단을 내릴 때에는 장래의 결과(손익)를 예측하는 직감력과 판단력이 뛰어나 있어야 한다는 것이다. 경영은 결코 민주주의도 아니며 다수결에 의해 결정짓는 것도 아니다. 궁극적인 이해관계에 의하여 모든 것이 결정되어야 하는 것이다.

마지막 세 번째의 「강력한 리더십」의 경우는 기업 전체를 통괄하는 최고 경영자라면 어느 정도 신위적(神威的 : 카리스마적)인 권위와 전제성(專制性)을 지니고 있어야 한다는 것이다.

이 학자의 말에 수긍이 간다면 위기에 대처할 이상적인 사장상(社長像)은 미래지향적인 사고에다 예리한 직감력을 접목시켜 강력한 영도력을 구사하는 사람이 되어야 한다. 그러나 현대의 기업경영은 톱 한 사람만의 힘으로는 안 된다. 어디까지나 톱을 중심으로 유능한 스태프진이 힘을 모아 주어야 경영자는 소신껏 경영을 해 나갈 수가 있다.

 # 47 판매원이 될 수 있는 사람

유태인의 격언 가운데 이런 말이 있다.

「당신이 갖고 있는 것을 원하는 사람에게 파는 것은 비지니스가 아니다. 또한 당신이 갖고 있는 것을 원하지 않는 사람에게 파는 것도 비즈니스가 아니다. 진정한 의미의 비지니스는 당신도 갖고 있지 않고 상대방도 살 생각이 없는 사람에게 그것(물건)을 파는 일이다」라고.

장사는 이처럼 힘들고 어렵다. 그럼에도 불구하고 이같은 장사를 너무도 쉽게, 안이하게 생각하는 경향이 있다.

「남들이 하니까 나도 할 수 있지 않을까」하는 막연한 생각과 기대를 가지고 장사를 시작했다면 차라리 지금이라도 장사에서 손을 떼는 것이 당사자나 고객을 위해서도 바람직한 일이다. 장사를 안이하게 여기는 생각은 고객을 우습게 여기는거나 다름이 없다. 이처럼 고객을 경시하는 생각은 장사의 진로를 가로막는 요인이 된다.

일반적으로 소비자들은 오랜 구매경험을 통해 판매자를 어떻게 다루며, 요리하는가를 너무도 잘 알고 있다. 이렇듯 세련된 고객을 장악하려면 그들이 지니고 있는 능력보다 월등히 높은 재능을 갖고 있어야 한다. 만일 그렇지 못하면 그들과의 싸움에서 진다. 이와 같은 상태에서 「자신도 사용해 본

적이 없고, 상대방도 살 생각이 없는 상품」을 손님으로 하여
금 사도록 만든다는 것은 거의 신기(神技)에 가까운 판매술
이 없고서는 도저히 불가능한 일이다. 그러나 실제로 이 어
려운 일을 해내는 판매원이 있다. 그 사람이 바로 보험설계
사(보험세일즈맨)들이다. 이들이 취급하는 보험상품은 눈으로
도 볼 수 없고, 손으로도 만져 볼 수 없다. 뿐만 아니라 그
상품을 구입한다 해도 당장 혜택을 입는 것도 아니고 불의의
재난이나 만기가 되어야만 비로소 혜택을 입는다. 그럼에도
불구하고 보험상품은 잘 팔려나간다.

여기에서 굳이 판매원을 정의한다면 「지금까지 사 본 일도
없고, 살 생각조차 하지 않는 사람에게 접근하여 설득시켜 물
건을 사도록 만드는 사람」이라고 할 수 있다.

가게를 운영하는 사람이나 물건을 파는 사람이 모두가 이
같은 무(無)에서 유(有)를 창조해 내는 능력을 갖고 있지 못
하면 치열한 경쟁세계에서 살아남을 수가 없다. 이렇게 되기
위해서는 우선 자기와의 싸움에서 이겨야 하는 것이다.

♣ **Create demand.**
「수요를 만들어 내라」

—찰즈·레브슨(레브론 창설자)

# 48 시류에 알맞은 상품

　요즘 가게에서 팔리고 있는 상품들은 대부분 현대사회의 가치관을 반영한 것들이 많다. 예를 들어 유행을 상징하는 액세서리, 공해(公害)에 반발하여 만들어진 천연과즙류, 옛날 어머니가 만들어 준 맛과 비슷한 양념, 답답한 인간사회에 신물을 느낀 신세대가 즐겨 찾는 오락기구, 머리를 써서 조립하여 즐길 수 있는 장난감, 어디에서나 스테레오 음악을 감상할 수 있는 카세트 테크 따위가 팔려나가고 있다. 이것들은 모두가 현대인의 가치관과 삶의 메뉴가 도킹된 상품들이다.

　한편 잘 팔리지 않는 상품으로는 몇 차례 수요가 오갔던 컬러TV·전축 등의 가전제품, 즉석에서 갈아 만든 원두커피의 맛을 즐길 수 없는 인스턴트 커피, 단맛에 식상해 버린 초콜릿, 부작용이 염려되는 의약품, 한물 간 볼링, 수은중독이 염려되는 생선통조림 등인데 이것들 말고도 그 나름대로 안 팔리는 상품들이 많다. 그렇다고 해서 영영 안 팔리는 것은 아니다. 조금이나마 상품내용, 판매방식을 바꾸면 그런대로 팔려나갈 수도 있다.

　그렇다면 손님의 기호에 영합하는 상품을 만들어 내려면 어떻게 해야 할 것인가? 여기에서 성공적인 상품을 만들어내는 데 필요한 요건들을 몇 가지 들어보기로 한다.

다양성이 있는 상품인가? 손으로 직접 만들었다는 느낌을 줄 수 있는가? 유행이 충분히 반영되어 있는가? 자연 그대로의 정서와 맛을 간직하고 있는가? 무공해의 식품인가? 옛 향수(鄕愁)를 음미할 수 있는가? 방범이나 방재(防災)가 배려되어 있는가? 즐거움과 기쁨을 맛볼 수 있는가? 프라이드를 세울 수 있는가? 화제(話題)를 유발시킬 수 있는가?

이처럼 10가지의 요소를 들 수가 있다.

대체적으로 인기상품은 남들이 대수롭지 않게 여기거나 무신경하게 지나쳐 버린 것들을 소비자의 기호와 욕구에 결부시켜 제품화함으로써 태어나는 것이다. 그럼에도 불구하고 신상품을 만들어 내려고 애쓰는 사람들은 대부분 「기발한 것!」, 「획기적인 것!」, 「놀라운 것!」이라는 과욕의 거미줄에 걸려 결국 찬스라고 할 시류와 유행을 놓쳐버리는 것이다.

기존상품의 개량(remodel)을 통해 크게 노력하지 않고서도 매력 있는 상품, 인기 있는 상품을 얼마든지 만들어 낼 수가 있는 것이다.

♣ The real issue is value, not price.
「실제의 문제는 제품의 가치이지 결코 가격이 아니다」
—로버트·T·린드그렌

49 「하이테크」와 「하이터치」의 관계성

　현대의 경영에서 꼭 갖추어야 할 요건은 「하이테크」와 「하이터치」의 두 가지 요소이다.

　「하이테크」란 하이테크놀러지의 줄임말로서 고도의 과학기술, 고도의 첨단기술을 뜻하며 「하이터치」란 하이휴먼터치의 줄임말로서 고도의 인간성을 뜻한다.

　하이테크의 눈부신 발전은 오늘의 정보화 사회를 이룩했으며 이같은 발전은 앞으로도 계속 다양하게 전개되리라고 짐작한다. 어쨌든 이와 같은 환경에서의 기업의 당연한 과제는 무엇보다도 정보처리를 위한 첨단기술과의 제휴라고 하겠다. 즉 컴퓨터와 전자공학과의 결합을 통하여 각종 정보를 신속히 분석하고 처리하는 일이다. 이것은 기업이 성취해야 할 가장 필수적인 과제임에 틀림없다.

　그러나 이보다 더 시급히 해결해야 할 문제가 있다. 그것은 인간이 추구하는 정신적인 만족과 위안이다. 이것은 과학이 아닌 인간 상호간의 휴먼터치(인간관계)에 의해서만이 가능하다고 심리학자들은 말한다. 그렇다면 첨단기술에만 의존하는 기업의 영역에서 휴먼터치가 공존하지 않으면 안 된다는 것이 된다. 다시 말해 하이테크만으로는 인간을 능률적·

효율적으로 만들 수가 없을 뿐더러 그들을 결코 만족시킬 수 없다는 것이다. 그 하나의 좋은 예가 로봇이나 컴퓨터의 경우이다. 이것들은 과학기술이 만들어 낸 특색 있는 산물이다. 작업효율이나 인건비 절감 등을 위해서는 이보다 더 훌륭한 걸작품은 없다. 그러나 이같은 기계에는 지각이 없고 판단력이 없기 때문에 더 이상의 가치를 기대할 수가 없다. 기업경영의 주체는 기계가 아니라 사람이다. 그렇다고 해서 하이터치만 완벽하고 그것만을 중시한다고 해서 기업이 성공하는 것은 아니다. 하이터치는 인간의 개별적인 대응이나 집단적인 대응에는 확실히 최선의 수단이 된다. 그러나 기업이라는 전체적인 면에서 볼 때 하이터치만의 대응으로는 생산에 한계가 있다. 요는 완벽한 첨단기술과의 균형을 통해 기업의 생산력은 증대될 수가 있다는 것이다.

벤처기업이 성공하는 까닭은 하이테크와 하이터치의 조화 때문이다. 요즘 무점포경영, 온라인숍 등이 인기를 끌고 있다. 그러나 팔기 위한 노력(하이터치)이 없는 한 점두판매와의 대결에서 이길 수 없다. 왜냐하면 두판매에는 점원이라는 하이터치 기능이 있기 때문이다.

> ♣ As the company grows it must be more human—not less.
> 「회사는 성장해감에 따라, 보다 인간적이 되어야 하며—그 반대가 되어서는 안 된다」
>
> —스위프트 & ∞.

 50 생산재 상품의 선택포인트

판매점이 생산재 상품을 선택하는 기준은 과거와는 사뭇 달라졌다. 그 까닭은 수요자의 변화가 이같은 선택을 불가피하게 만든 것이 아닌가 생각해 본다.

그것은 첫째 이 제품은 고객의 요구수준을 충족시켜 줄 만한 상품인가, 둘째 이 제품은 비용을 절감시켜 줄 수 있는 상품인가, 셋째 이 제품은 안정적으로 시장에 공급할 수 있는 상품인가라는 점이다.

우선 「고객의 요구수준을 충족시켜 줄 수 있는 상품인가」에 대해 생각해 보자. 일반적으로 고객이 갖고 있는 상품의 요구조건은 디자인·색상·성능·효용·만족감·문화적 가치 등이다. 이와 같은 고객의 요구조건이 최근 서서히 또는 급격히 변화되어 가고 있어 판매인의 입장에서는 고객의 구매성향에 결코 무관심할 수 없다.

오늘날 수요계층은 젊은 신세대와 이들과는 삶의 질이 다른 기성세대가 있으며, 평균수명의 연장으로 노인세대의 확대도 무시못할 대상이다. 여기에다 성차(性差)·개성차·취미·문화차를 감안한다면 이질성의 폭은 더욱 넓어진다. 이같은 소비계층을 모두 만족시키려면 이들의 공통된 관심사에 초점을 맞출 수밖에 없다. 일반적으로 가전·전기제품의 경우 대부분의 사람들이 소형화·기능화를 선호한다. 그런데 제품이 작아지면 성능이 떨어지는 경향이 있다. 그것을 기술력으로 대응하여 「작지만 오히려 더 성능이 좋은 제품」을 만드는 데 역점을 둔다면 고객의 요구수준에 부응할 수 있게 된다.

다음은 「코스트를 절감시킬 수 있는 상품」에 대해서인데 이를 위해서는 제작방식의 단순화와 부품수를 줄이는 일이다. 물론 성능에는 지장이 없어야 한다. 수요자의 머리 속에는 항상 상품의 코스트가 부담이 되고 있다. 그러므로 기업은 코스트의 합리화 방안으로 VA(Value Analysis : 가격인하를 위한 경영기술)를 위한 연구를 끊임없이 계속해 나가야 한다. 고도의 성능을 유지하면서도 값싼 재료가 사용되는 연구를 뜻한다.

다음은 「안정적으로 시장에 공급할 수 있는 상품」에 대해서인데 아무리 훌륭한 상품이라도 그 상품을 구성하는 재료를 수입품에 의존할 경우 제품생산에 지장이 없도록 재료를 넉넉히 확보해 두어야 한다. 상품선택은 이토록 중요한 것이다.

♣ Manufacturing excellence results from dedication to daily progress. Making something a little bit better every day.
「우수한 제품은 하루하루의 발전적인 노력에서 생겨난다. 매일 무엇인가를 조금씩 개량해 나가는 일이다」
—로버트·홀(인디애나 대학 교수)

# 소비재 상품의 판매포인트

소매점이 취급하는 상품을 성질별로 분류해 보면 「소비재 상품」, 「서비스재 상품」, 「생산재 상품」, 「내구재 상품」 등으로 나눌 수 있다. 우선 여기서는 「소비재 상품의 판매요건」에 대해 설명하려고 한다.

(1) 대량판매, 대량소비의 구조를 갖춘다.

(2) 광고선전의 지원체제를 마련한다.

(3) 거래단위가 적더라도 양적으로 대응한다.

(4) 불특정 다수의 고객을 대상으로 한다.

(5) 판매원의 스피드감각과 리듬감각을 기른다.

(6) 판매기술을 개선하거나 혁신한다.

(7) 손님의 쇼핑을 능동적으로 도와준다.

(8) 능력 있는 우수판매원을 확보한다.

(1)의 대량판매, 대량소비의 구조확립과 (2)의 광고선전의 지원체제 확립은 적어도 판매활동에 있어서는 빼놓을 수 없는 하나의 불문율로 되어져 있다. 그러나 광고선전에는 적지 않은 경비가 들어가는 만큼 자금운용에 무리가 생기지 않도록 각별히 배려해야 한다. (3)의 거래단위가 적은 대상일 경우 양적으로 대응한다는 것은 매우 실리적인 일이며, (4)의 불특정 다수를 판매의 대상으로 삼는다는 것은 판로(販路) 확

장이라는 차원에서 극히 당연한 일이라고 하겠다.

(5)의 판매원의 스피드감각과 리듬감각의 체질화는 참으로 중요한 문제이다. 점원들이 손님 앞에서 기동성 있는 행동과 리듬이 있는 태도를 보여주면 손님들은 우호적인 감정을 갖게 된다. (6)의 판매기술의 개선과 혁신은 손님이 물건을 사느냐 안 사느냐를 가름하는 가늠대가 될 정도로 중대한 문제라고 하겠다. 판매기술은 시대의 여건과 환경에 따라 변질되어 간다는 것을 알아야 한다. (7)의 경우 오늘날 손님의 쇼핑을 도와주는 판매원은 생각보다도 그리 많지 않다. 무신경, 무감각, 무사려는 손님을 매장에서 내쫓는 역할만을 할 뿐이다. (8)의 능력 있는 우수판매원의 확보인데 우수한 세일즈맨이란 선천적으로 타고난 재질이 아니라 후천적으로 만들어진다는 말이 있다. 우수한 점원을 채용한다는 것은 참으로 어려운 일이지만 우수한 점원을 만든다는 것은 생각보다도 용이하다.

이상의 8가지 판매의 포인트는 성공을 위한 최소한의 요건들이다. 누가 더 이 요건을 충실하게 지키느냐에 따라 판매자의 순위는 뒤바뀌는 것이다.

♣ I go on working for the same reason that a hen goes on laying eggs.
「내가 계속 일하는 까닭은, 암탉이 계속 알을 낳는 것과 똑같은 이치이다」

—헨리 · L · 맨켄(미국의 평론가)

52 서비스재 상품의 판매포인트

서비스재 상품이란 눈에 보이지 않는 상품, 형태가 없는 상품을 의미한다. 예를 든다면 생명보험, 은행예금, 증권투자, 여행안내 등의 상품을 말한다.

이같은 상품은 매우 추상적이어서 판매원의 체계적인 설명과 이를 뒷받침해 주는 과학적인 증거가 필요하다. 그리고 상품과 관련하여 판매원의 인품, 태도, 열의, 정직성 등도 판매를 위해 한 몫을 담당한다. 그럼 여기에서 「서비스재 판매요건과 이유」에 대해 설명하기로 한다.

(1) 상품을 팔기에 앞서 먼저 신뢰를 판다.

(2) 고객에게 좋은 이미지를 심어준다.

(3) 고객의 이익과 만족을 우선시한다.

(4) 고객과 인간적으로 친밀해진다.

(5) 고객의 성실한 조언자가 된다.

(6) 인적 판매에 역점을 둔다.

(1)의 경우 상품을 팔기 전에 우선 신뢰부터 팔아야 한다는 것은, 팔려는 상품이 너무도 추상적이어서 고객이 선뜻 믿으려고 하지 않아 믿도록 만들기 위해서는 먼저 판매원의 인격부터 팔아야 한다는 것이다. (2)의 경우는 판매원의 좋은 인상과 느낌을 고객에게 심어 주자는 것이다. 고객이 상품이

나 판매원에게 호감을 가지면 자신도 모르게 마음이 흔들린다. (3)의 고객의 이익과 고객의 입장이 되어 판매활동을 한다는 마음가짐인데 이같은 상태에서는 고객과의 접근이 부드럽게 이루어진다. 그러나 판매원 자신의 이익만을 우선한다면 성숙한 소비자들은 그의 본심을 알아차리고 거리감을 둘 것이다. (4)의 판매원의 친화력은 고객을 단골로 만드는 데 큰 작용을 한다. 이 친화력은 장사나 비지니스의 이해관계를 떠나 순수한 인간성이 나타날 때만이 가능하다. 우리나라 사람들은 정(情)에 약해 이같은 인간관계는 큰 효험을 나타내는 경우가 많다. (5)의 조언(adviser)이란 유익한 정보제공자로서의 판매원의 역할을 뜻한다. 고객이 상품을 구입해야 할 이유를 깨우쳐 주는 것이 판매원의 의무이기도 하다. 그러나 그것이 상품을 강요하기 위한 수단이 되면 감언이설로 바뀌게 된다. (6)의 인적 판매를 중시하는 까닭은 판매의 생리 자체가 인간 대 인간의 역학관계에서 이루어진다는 사실을 이해한다면 이 문제를 쉽사리 납득하리라고 믿는다. 어쨌든 우리는 팔려고 하는 상품이 무형이건, 유형이건 인간성 중시라는 관점에서 해결책을 찾아야 할 것이다.

♣ Don't forget that it [your product or service] is not differentiated until the customer understands the difference.
「제품이나 서비스는 고객이 달라진 것을 인정할 때까지는 타사와 조금도 달라진 데가 없다는 것을 잊어서는 안 된다」
―톰·피터즈(미국의 비즈니스 라이터)

53 위기탈출의 투혼

　　호송선단(護送船團)방식이라는 말에 걸맞듯이 금융계를 비롯하여 모든 업계가 정부의 「산업육성 보호정책」의 에스코트를 받으며 오랜 세월 무풍지대에서 안주해 왔다. 이로 인하여 기생하기 시작한 타성(惰性)의 바이러스는 건전해야 할 경영풍토를 좀먹고 국제경쟁력을 마비시켜 놓았다. 이제 새것을 분별하는 시력도 떨어지고 생각하는 패러다임도 아둔해진 기업의 생리는, 한치 앞에 다가선 위기조차 감지 못하고, 자신들의 체중 불리기에만 급급해 왔다. 결국 예상한 대로 올 것이 오고야 말았다. 그것은 IMF라는 강진(强震)만이 아니다. 그 뒤를 이은 여진(余震)이 제1차적으로 금융계를 강타(빅뱅)했다. 이것이 도화선이 되어 「한국주식회사」라는 거대한 기업은 구조개혁이라는 대폭발을 맞고 있다. 이에 대한 예후(징조)는 이미 97년 후반기에 들어서면서부터 더욱 뚜렷한 모습을 드러냈다. 그 후 곧 IMF의 시련이 시작되었다. 지금 업계가 해야 할 선택은 합병이나 재편 따위의 뜨뜻미지근한 것이 아니라, 정녕 잘라버려야 할 것은 가차 없이 도태시켜야 할 판이 되었다. 바야흐로 대도산시대의 막은 올랐으며 온 기업은 적자생존의 시험무대에 선 것이다. 그동안 아무런 의미도 없이 살아남은 기업들은 생존의 명분을 잃고 있다. 요컨대 시원찮은 기업을 어떻게 도태시키며, 어떻게 레이오프시킬 것인가가 당면한 문제로 대두되었다.

불량채권 처리문제, 예금자 보호문제, 퇴출자 정리문제 등은 금융계가 안고 있는 뜨거운 감자가 되었다. 거품경제가 붕괴되면서 곧바로 구조개혁에 손을 대었더라도 소프트 랜딩(연착륙)만은 가능했을 것이 아닌가? 그러나 이 문제에 대해서는 아무도 책임을 지는 사람이 없다. 한마디로 무사안일한 생리가 오늘의 위기를 불러들였다고 할 수 있다. 그동안 기업과 관계당국은 암묵적으로 분식결산을 묵인해 오는 동안 경영은 무기력해지고 국제경쟁력은 무너져 내렸던 것이다.

창조적 파괴를 위해서는 고뇌와 아픔이 따르는 법이다. 지금이라도 늦지 않다. 기업이 갖고 있는 병소(病巢)를 과감히 도려내고 접근하기 싫은 곳까지 접근하여 개혁의 메스를 대야만 그나마도 살아 남을 수 있다. 최악의 위기에서 탈출하기 위해 신발을 벗고 워터 해저드에 접근한 박세리의 투혼에 행운의 여신도 어쩔 수 없이 그녀에게 '98 us 여자오픈골프대회의 영예를 안겨 주었을 것이다.

54 소매업계의 위기극복 과제

유통업계의 장래를 예측함에 있어서 먼저 인지하고 있어야 할 것은 근년 우리나라의 인구증가율이 해마다 감소 추세에 있다는 점과 경기불황 이후 소비자의 가처분소득(假處分所得)이 침체의 늪에 빠져 유통시장이 구조적으로 더 이상 확대되기가 어렵다는 점이다.

그동안 줄곧 호황을 누려왔던 백화점 업계가 사향세에 몰리고 있으며 재래시장을 비롯하여 다양한 형태의 디스카운트 매장, 전자메일을 이용한 통신판매, 네트워크 선상의 온라인숍 등 많은 판매조직이 「수요위축」, 「저가(低價)경쟁」이라는 이중고(二重苦)에 시달리며 처절한 사투를 벌이고 있는 것이 오늘의 실정이다.

지금 이 시점에서 깊이 생각해야 할 문제는 어떤 식으로 판매정책을 바꿔나가야 할 것인가가 가장 근본적인 문제라고 하겠는데 대형 소매점의 경우 판매타깃을 도심형(젊은 세대 지향)과 교외형(패밀리 지향)으로 나누어 영역별로 공략하는 전법을 구사해 보는 것도 한 방법이라고 하겠다. 백화점 역시 위탁판매 일변도의 영업정책에서 벗어나 독자적인 매장구축을 통해 개성화·차별화를 시도하는 것이 바람직하다고 생각된다.

모두가 간단한 문제는 아니지만 무엇인가 돌파구를 찾지

않고 머뭇거리다간 외국기업들에게 송두리째 안방시장을 내어줄 판이다.

얼마 전 일본시장에 상륙한 미국의 대형 가정용품 메이커인 피어·원·임포트사(텍사스주)는 최근 「리턴폴리시」라는 반품제도를 출발시켜 화제를 뿌리고 있다. 이는 고객이 상품을 구입한 후 한두 번 정도 사용하다가 다른 상품과의 교환을 원할 경우 구입시기에 관계없이 동일한 가격으로 판매되는 타상품과 무조건 교환해 준다는 것이다. 이밖에 미국계 완구업체인 니혼토이자라스도 메이커의 희망소비자 가격의 10~30%의 상시할인제도를 실시하고 있다. 특히 「로 프라이즈 개런티」라는 할인제도의 특징은 자점보다 값싸게 판매한 타점이 있으면 그 차액만큼을 즉시 되돌려 주는 환불전략이다.

오늘날 소비자의 니즈(필요성)는 개성중시로 바뀌었다. 이제까지 백화점이나 슈퍼들이 추구해 왔던 스케일 메리트(경영규모 확대에 의한 이익)의 시대는 서서히 막을 내리고 있다. 따라서 우리 소매업자들에게는 이 시대에 적합한 상점의 구조조정이 무엇보다도 시급하다.

♣ In business, paranoia is not a psychosis, it's reality; it's probably survival.
「비즈니스에서의 편집증(偏執症)은 정신병이 아니라 현실이며—아마도 살아남는 방법일 것이다」
—프렛·아들러(아들러회사 최고 경영자)

# 55 유통업계의 달라진 모습을…

지금 유통업계는 개인소비의 둔화, 가격파괴, 규제완화, 경기침체 등으로 구조적인 개혁이 불가피해졌다. 관점을 바꿔 생각하면 우리나라 유통업계도 글로벌 스탠더드(세계적인 기준)에 알맞는 변신을 하지 않으면 안될 처지에 놓여져 있는지도 모른다.

특히 우리나라의 유통구조는 너무도 복잡하고 다단계적이라는 데 이의(異議)가 없을 것이다. 우선 이것부터 개혁의 도마 위에 올려 놓아야 할 것이다.

제품이 생산되어 소비자의 손에 들어가기까지 여러 유통단계를 거치는 동안 중간도매상들이 끼어들어 마진을 가로채기 때문에 물건값이 비싸지고 구입시기도 늦어진다. 따라서 물건값을 내리게 하기 위해서는 필수적으로 유통단계를 줄이는 일이 시급하다.

소매점으로서 가장 이상적이라고 할 수 있는 형태는 중간도매상을 배제하고 생산자와 직거래해 값싼 가격으로 소비자들에게 상품을 공급하는 일이다. 그러나 현재로서는 다단계적 유통구조의 개선은 그리 쉽지 않다. 그 까닭은 소매점의 영세성을 들 수 있다.

다음은 대형소매점의 경영합리화이다. 지금까지 백화점이나 슈퍼는 체인점정책을 전개하면서 대형화·규모화로 성장해 온 것이 사실이다. 그러나 작금의 소비시장의 급격한 변화와 소비위축으로 직영연쇄점의 운영이 재검토의 도마에 오르고 있다.

일본 최대의 유통그룹인 「다이에」의 97년도 2/4분기 누적적자액은 무려 37조원에 달하고 있다. 적자의 주된 원인은 판매부진에서 비롯되고 있다. 거기다가 일본의 금리인상 움직임이 심상치 않다. 만일 금리가 1%정도만이라도 인상되면 그룹 전체의 이익은 전부 날라갈 판이다. 이제 초대형의 다이에 자신도 스케일 메리트를 더 이상 추구한다는 것은 무모한 일이라고 체념하고 있을지도 모른다.

위기를 맞았을 때 빨리 끊고 맺기를 주저하지 않는 용단이 기업가에게는 필요하다.

「Too big to fail」, 즉 지나치게 비대한 탓으로 허무러뜨리지 못한다는 사고는 자칫 전체의 공멸을 가져올 수도 있다. 잘못된 것은 고쳐야 하며 아주 잘못된 것은 뿌리채 뽑아야 한다. 우리는 개선과 개혁을 혼돈해서는 안 된다. 유통업계의 거듭난 모습을 모든 소비자들은 지켜보는 중이다.

♣ Markets change, tastes change, so the companies and the individuals who choose to compete in those markets must change.
「시장이 변화하고, 기호가 변화하는 이상, 시장에서 경쟁할 것을 택한 회사나 인간도 변화하지 않으면 안 된다」
—언 · 윙그(윙그 래버러토리즈 창설자)

경영의 수분질 체질을 경계하라!

기업의 재무구조가 수분질(水分質)인지, 아니면 근육질(筋肉質)인지를 판단하기 위해서는 우선 총자본에 대한 실제 자본회전율이 어떠한 상태인가를 분석해 보면 알 수 있다. 이에 대한 계산법은 매출액을 분자로 하여 그것을 총자본에 나누면 된다. 즉 매출액과 총자본의 비교인 것이다.

일정한 매출에 대해 기업이 투입하는 자금이 많으면 많을수록 자본의 회전율은 떨어진다. 총자본에 대한 자금회전은 「재무상의 역률(力率)」을 의미하기 때문에 이 수치가 낮은 기업은 대체로 재무효율이 나쁘다. 다시 말해 수분질 재무구조를 갖고 있다는 것이다.

따라서 재무구조면에서 우량기업의 체질이 되려면 자기자본을 늘려주지 않으면 안 된다. 그렇다고 굳이 증자를 뜻하는 것은 아니다. 경영의 효율을 최대한으로 높여 증자에 맞먹는 가치를 창출하라는 것이다. 방법에 있어서는 지불어음, 차입금 등을 줄이면 그것이 곧 자기자본이 늘어나는 증자효과를 가져오지만 그것은 그리 쉬운 일이 아니다. 요컨대 자기자본이 빈약하고 운용자금이 넉넉지 못한 경영여건하에서는 각별히 자금사용에 신경을 써야 한다는 것이다. 요즘처럼 경제사정이 어려울 때에는 가급적 불필요한 경비를 줄이거나 억제하는 것이 무엇보다도 바람직하다.

특히 명심할 것은 고정자산을 절대로 늘려서는 안 된다. 고정자산이 부풀면 가용사업비에 제약을 받아 꼭 돈을 써야 할 곳에 쓰지 못한다. 이렇게 되면 경영활동은 자연히 위축된다. 자금능력이 없는 기업은 철저히 경장비 경영을 추구하지 않으면 살아남지 못한다. 재무상의 경장비 경영은 당장 이익이 발생하는 곳에만 선별적으로 자금을 배정해야 하고 그것도 최소한의 자금으로 최대의 효과를 거두는 것이 전제되어야 한다.

한편 고정자산계정에서도 토지나 부동산을 지나치게 많이 보유하면 경영이 위태로울 수도 있다. 거품경제가 붕괴되면서 부동산 시세는 하루가 다르게 값이 떨어졌다. 이 부동산이 자산을 잠식할 뿐만 아니라 운전자금의 발목까지 잡는다. 차량이나 기타 운반수단들도 적지 않은 짐이 된다. 영업에 필요하다고 해서 무분별하게 차량 등을 늘리면 이에따른 경비도 물집처럼 부풀어 오른다.

수분질 체질은 이처럼 갖가지 요소들이 결집되어 이루어진다.

# 57 손님은 감시카메라

점원은 항상 손님의 감시카메라 앞에 노출된 과녁이나 다름없다. 점원의 태도·행동·옷차림 심지어 말투까지도 손님의 감시(?)를 받고 있다. 그러나 대부분의 점원들은 이같은 사실을 전혀 모르는 듯하다. 아니 알면서도 굳이 모르는 체하고 있는지도 모른다. 왜냐하면 손님은 손님, 자신은 자신이라는 개인주의적 사고에 젖어 있기 때문이다. 어쨌든 점원의 흐트러진 몸가짐이나 옷매무새가 가끔 손님의 눈살을 찌푸리게 한다. 결론적으로 점포의 매출액은 손님이 판매원을 어떻게 받아들이며 어떻게 평가하느냐에 따라 탄력적으로 차이를 보이게 된다.

그렇다면 어떻게 해야만 손님으로부터 호감을 사는 점원이 될 수 있을까?

이 질문에 대답하기 전에 우선 점원 개개인의 일터(가게)에 대한 근본적인 마음가짐부터가 달라져야 한다. 가게는 손님의 이익과 만족을 만들어 내는 고귀한 산실이라는 인식과 소명감이 필요하다.

학생을 가르치는 교사의 일터는 교실이며, 공장에서 일하는 공원들의 일터는 작업장이다. 점원의 일터는 당연히 자신이 담당하는 매장이다. 매장에서 일하는 사람은 한 개인으로서의 자유분방한 존재가 아니라 「점원」이라는 사회적 존재이며, 손님의 이익과 만족을 위해 헌신하는 봉사자이며, 손님에 대한 도덕적인 책임과 의무를 지는 자이며, 매출액을 최대한으로 끌어올리는 수단이라고 할 수 있다. 그러므로 일단 매장에 배치되는 순간부터 자신은 사사로운 존재가 아니라 사회적인 존재라는 점을 자각하고 모든 개인적인 행동이나 생각을 떨쳐버려야 한다. 따라서 근무시간에는 동료들과 불필요한 잡담을 해서도 안 되며 함부로 매장을 벗어나거나 이탈해서도 안 된다. 또한 손님이 없다고 해서 만화책을 보거나 이어폰으로 음악을 감상하는 일은 절대로 있어서는 안 된다.

손님의 눈은 항상 당신이 보지 않는 곳에서 당신의 모든 행동을 감시하고 있다. 그럼에도 불구하고 손님이 가게 안에 들어와 점원을 찾는데도 크게 관심을 나타내지 않는다면 이것은 큰 잘못이 아닐 수 없다.

점원은 매장 내에 손님이 있건 없건 결코 지정된 위치에서 벗어나서는 안 된다. 지금 이 순간에도 손님의 감시카메라는 당신의 모든 행동을 낱낱이 녹화하고 있을지도 모른다. 당신의 마음까지도 말이다.

58 리뉴얼보다 더 중요한 것

우리나라의 산업계는 수출부진과 내수부진으로 심한 진통을 겪고 있다. 물론 소매업계도 예외가 아니다.

소매업의 경우 소비자의 구매력 감퇴와 공급과잉까지 겹쳐 웬만큼의 가격인하로는 소비의욕을 자극하기가 어렵다. 작금의 월마트와 E마트의 저가전쟁은 죽느냐 사느냐의 한판 승부라고 하겠지만 결국 제조업자와 유통업자 모두의 패배로 끝날 공산도 없지 않아 있다. 어쨌든 업계는 가격인하라는 큰 소용돌이에 휘말릴 것이 분명하고 오늘의 불황에서 탈출하기 위해 업계는 총비상에 걸려 있다.

불경기나 불황탈출의 가장 보편적인 방법은 일단 리뉴얼 (renewal : 점포의 단장)을 생각하게 된다. 리뉴얼의 장점은 그런 대로 인정할 만하다. 점포의 디자인을 대담하게 바꾸어 시설을 기능성·안락성·쾌적성·신속성 위주로 개선하고 간판까지도 현대감각에 맞도록 레이아웃한다. 뿐만 아니라 가게 앞 행길까지 채색된 컬러블록으로 포장한다면 확실히 손님들은 한 번쯤 이 가게에 찾아오고 싶은 충동을 느낄 것이다.

그러나 이같은 점포의 미화전략은 몇 해 전까지만 해도 확실히 효험이 있었지만 이젠 리뉴얼 하나만으로는 손님의 환심을 살 수 없다. 리뉴얼에 의해 점포의 위상이 높아지고 매

장시설이 개선되었다 해도 이 때문에 손님은 찾아오지 않는
다. 요는 손님에게 제공되는 이익장치가 완벽하게 갖추어져
있어야 한다는 것이다.

오늘날 소비자의 생각과 행동은 옛날에 비해 많이 달라졌
다. 그것은 한마디로 점포의 규모나 형태가 어떻든간에 「값싸
고」, 「실속 있고」, 「체면이 존중되는 곳」이라면 어디든지 상관
하지 않고 찾아간다는 사고의 변화이다. 바로 이같은 변화를
받아들인 집객장치가 가게마다 마련되어야만 손님을 끌어들
일 수 있다. 그러나 아직까지도 판매자와 소비자 사이에는
「이상과 현실의 괴리」가 너무도 크다. 장사가 안되니까 가게
를 단장하게 되며 손님도 이 점을 인정한다. 확실히 현대는
하이이미지 시대임에 틀림없지만 하이이미지만으로는 장사가
잘 된다는 보장이 없다.

소매업은 철두철미 손님을 중심으로 한 장사가 되어야 한
다. 누구보다도 먼저 손님의 마음을 읽고 그대로 실천에 옮
기는 장사꾼만이 살아남는다. 특히 그들의 생활문화와 정서를
감싸안는 일이 더욱 중요하다.

# 59 노력과 시간의 가치

「시간이 돈이라는 것을 기억하라」, 「잃어버린 시간은 결코 되찾지 못한다」

이 말은 미국의 정치가이며 과학자였던 B. 프랭클린이 한 말이다. 장사꾼은 한마디로 시간을 먹고 사는 불가사리와 같은 존재이다. 시간을 아끼면서 열심히 노력하라는 비유의 말이다.

미국의 백화점 왕이며 자선사업가로 뭇사람에게 존경을 받았던 존·와너메이커는 어린시절 벽돌공장의 직공으로 일했다. 당시 와너메이커의 수면시간은 하루에 3시간 정도였다. 노동이 끝나면 근처 교회를 찾아가 공부를 했기 때문에 그는 수면부족으로 항상 창백한 얼굴로 일터에서 일했다. 어린 소년 와너메이커는 푸른 꿈을 이루려고 시간과의 피눈물나는 사투(死鬪)를 별였다. 그는 5년 동안에 1천9백달러를 저축했으며 그로부터 10년 후에는 세계 최초의 백화점을 필라델피아에 세웠다.

장사꾼은 시간을 주무르며 요리하는 사람이 되어야 한다. 지금 이 순간에도 자신이 하고 있는 일에 대해 가치를 인정한다면 그 시간은 결코 헛된 낭비가 아니다. 비록 남들이 낭비라고 비아냥거려도 자신이 그 일의 필요성을 인정하고 시간과 대결한다면 그 시간은 생산이 되는 것이다. 흔히 「시간이 없다! 시간이 모자란다!」고 한탄하는 사람이 있는데 그런 사람은 해야 할 일을 하지 않고, 해서는 안될 일에 시간을 허비하기 때문에 시간이 모자라는 것이다.

시간은 누구에게나 공평하게 주어지는 것처럼 여겨지지만 실제로 그것을 사용하는 사람에 따라서는 그 시간이 길어지기도 하며 짧아지기도 한다.

통신기술과 컴퓨터의 급속한 발달과 전달기술의 획기적인 발전에 따라 시간의 스피드화는 더욱 가속도를 더해가고 있다. 이런 상황에서 비즈니스계의 시간의 개념은 돈과 성취를 창조해 내는 찬스의 단서로 인식되고 있다.

미국의 경영학자 피터·F·드러커는 이런 말을 했다.

「시간은 가장 부족한 자원이며, 이것을 관리하지 못하는 사람은 무엇하나 제대로 해내지 못한다」고.

인간들이 생각하기에는 가장 풍부한 것이 시간이라고 생각하지만 실상은 가장 모자라는 것이 시간이다. 그렇다면 이 모자라는 시간을 어떤 식으로 사용하여 성공할 것인가가 문제이다.

♣ Time is the scarcest resource, and unless it is managed nothing else can be managed.
「시간은 가장 모자라는 자원이며, 이것을 제대로 관리하지 못하면 무엇하나 관리할 수가 없다」
—피터·F·드러커(미국의 경영학자)

손님을 매장에 오래 머물게 하라!

매장은 한마디로 상품을 연출하는 무대라고 할 수 있다. 그런데 그 무대가 어떠한가에 따라 상품이 돋보이기도 하며 빛을 잃기도 한다. 그래서 연출자격인 가게주인은 판매의 시나리오에 따라 무대장치, 실내조명, 음향효과 심지어 통풍·온도에 이르기까지 세심하게 신경을 쓴다. 비단 이것만이 아니다. 매장 내의 인테리어에도 관심과 주의를 기울여 아늑하고 차분한 분위기를 만들어 내는 데 주력한다.

대체적으로 손님들은 매장의 분위기가 좋고 마음에 들면 자연히 그곳에 머무는 시간이 길어진다. 요는 손님이 매장에서의 체재시간이 길어져야만 가게 안 이곳저곳을 두루 살펴볼 기회가 생긴다는 것이다. 매장을 돋보이게 꾸미려고 노력하는 가게주인의 속셈도 바로 이 점 때문이다.

한편 손님의 매장 내 체재시간 및 회유(回遊)시간을 높이기 위해 점내 요소요소를 스포트라이트로 비추거나 의도적으로 사람들의 눈에 잘 띄는 곳에 상품을 무더기로 쌓아두기도 한다. 이렇게 함으로써 상품이 풍부하다는 것을 은근히 과시하는 것이다. 또 예쁜 여점원을 여기저기에 배치하여 손님의 쇼핑을 돕거나 편의를 제공하도록 한다.

특히 매장 내의 기둥이나 벽에 붙여 놓은 선전물도 점내를 걸어다니는 손님의 발걸음을 멈추게 한다. 선전물에 실린 간결하고도 자극적인 글귀는 손님의 구매심리를 부추긴다. 잔잔하게 흐르는 음악소리, 알맞은 실내온도, 발랄하고 생동감이 넘치는 실내분위기는 손님의 발을 묶어놓는 데 무리가 없다.

만일 손님이 쇼핑이 끝나기가 바쁘게 매장을 떠나 버리거나 구경을 왔던 손님이 몇 군데를 두리번거리다가 쫓기듯이 매장을 빠져 나간다면 이들에게 가게 내부를 충분히 보여줄 기회를 잃게 된다.

손님이 물건을 사든, 안 사든 상점측이 바라는 것은 손님이 충분한 시간을 들여 매장 안을 구경하고 돌아가는 일이다. 손님이 매장 안에 머무는 시간이 길면 길수록 매출액은 올라가기 마련이다. 그렇게 하려면 매장이 지닌 독특한 매력과 유인성(誘引性)이 필요하다. 이와 같은 요소는 사람과 물건과 연출력으로 이루어진다.

훌륭한 영화나 연극에는 반드시 그 배후에 귀재(鬼才)라고 할 연출가가 도사리고 있다는 사실을 명심해야 한다.

♣ The only way I can get you to do anything is by giving you what you want.
「누군가에게 무엇을 하도록 하려면 그가 원하는 것을 제공하는 일이다」

—딜·카네기(미국의 화술교사)

# 61 집객력이 있는가!

손님을 자연스럽게 찾아오게 하려면 손님을 끌어들이는 강력한 집객력(集客力)이 필요하다. 그 집객력을 마케팅에서는 유인력(誘引力) 또는 매력이라고 말한다.

이 집객력을 얼마나 갖고 있느냐에 따라 손님이 많이 찾아오기도 하며 적게 찾아오기도 한다. 예컨대 상품의 질이 좋다, 값이 싸다, 쇼핑 분위기가 좋다, 친절하다, 신뢰가 간다라는 것들이 집객력으로 작용하여 손님의 마음을 사로잡는다. 이같은 집객력이 매스컴이나 사람들의 입에 자주 오르내릴 때 손님들의 발걸음은 자연히 그 가게를 향하게 된다.

여기에서 집객력에 대한 재미있는 예를 하나 소개한다.

로마를 대표하는 관광명소로서 「트레비의 샘」과 「스페인 광장」이 있다. 분명히 이것들은 유명하기는 하지만 로마를 대표할 만큼 최고의 것은 되지 못한다. 이것말고도 얼마든지 뛰어난 곳이 로마에는 많다.

그러나 할리우드의 위력은 정말로 놀랍다. 트레비의 샘과 스페인 광장이 지닌 본래의 가치와는 달리 멋진 이미지를 전 세계인에게 각인(刻印)시켜 놓았다. 그것은 왕년의 유명한 명화 「로마의 휴일」이 한 몫을 했다. 이 영화는 트레비의 샘과 스페인 광장이라는 두 개의 하드웨어에 신(scene)이라는 소프트웨어를 결합시켜 실재(實在)하지 않는 마음의 랜드마크를 만들어 냈던 것이다.

그 결과 이 두 곳은 아름다운 정서를 만끽하려고 모여드는 관광객의 집객장치로서 전화(轉化)된 것이다. 즉 마음의 심상이 현상이 되어 마치 실제인냥 착각하게 만든 것이다. 그 곳이 얼마만큼 볼거리가 있느냐보다도 그 곳에 자신이 찾아갔다는 자체가 의미가 있다. 그리고 거기에서 찍은 사진을 훗날 두고두고 꺼내보며 지난날의 아름다운 추억을 더듬는 것도 말할 수 없는 기쁨이 된다.

멋지고 훌륭한 신(장면)을 감동과 기교로 영상화하고 그것을 집객력으로 접목시키려고 시도하는 것이 영화예술이다.

손님이 점포에 모여드는 이유를 곰곰이 생각해 보면 물적인 메리트도 중요하지만 마음의 낭만도 결코 무시할 수 없다. 이것이 현대인의 본능이라고 하겠다. 그리고 손님을 끌어들이는 비결에는 역전의 발상이 필요하다. 보편적이고 일반화된 방법론의 벽을 무너뜨릴 때 효과가 큰 집객장치는 탄생하는 것이다.

♣ People's minds are changed through observation and not through argument.
「인간은 관찰에 의하여 결심을 바꾸는 것이지 논쟁에 의해 바꾸는 일은 없다」

—윌·로저스(미국의 배우, 허리우드 시장)

62 변화는 곧 찬스다!

요즘만큼이나 변화가 심한 시대는 또 없다. 그런데 변화는 부정적인 면도 있지만 긍정적인 면도 많다. 특히 변화는 장사를 하는 사람에겐 메리트가 꽤 많다. 그 까닭은 「변화」 그 자체가 찬스(기회)가 될 가능성이 있기 때문이다.

존 카포치는 「변화에 직면했을 때를 찬스의 기회로 여겨라」고 역설했다. 그의 이같은 말은 변화와 찬스의 비밀스런 함수관계를 잘 알고 있음이 아닐까?

변화란 참으로 다양하다. 소매업을 예로 든다면 고객을 비롯하여 경제환경, 시장여건, 상품조건, 구매동향, 가격변동 등의 변화를 예상할 수 있다.

이 중에서 마케팅 찬스와 밀접하게 관계되는 것이 소비자 행동의 변화이다. 가령 소비자의 절약의식이 높아졌다면 디스카운트 스토어가, 맞벌이 부부가 늘어났다면 이들이 사용하기에 편리한 주방기구나 가전제품의 개발이, 가족단위의 외식나들이가 줄어들면 가정식단을 중심으로 한 메뉴의 개발이 찬스가 될 것이다.

어쨌든 소비자 행동의 변화를 감지하면 그것을 찬스의 기회로 받아들여 성공을 낚아올리는 노력이 필요하다.

1987년경, 일본은 맞벌이 부부가 피크를 이루는 시기에 히

다치전기산업이 색다른 세탁기를 개발해 냈다. 일반적으로 맞벌이 가정의 경우 가족의 세탁물은 주말이나 휴일에 한꺼번에 세탁하는 일이 많아 주부의 고생이 이만저만이 아니다. 그래서 히다치는 잠자는 시간대에 천천히 세탁과 건조를 끝내고 아침에 잠자리에서 일어난 주부가 세탁물을 수거할 수 있도록 고안된 전자동 세탁기를 생각하게 되었다.

스위치만 눌러놓고 잠자리에 들면 자동적으로 세탁이 완료되는 세탁기의 개발에 착안했다. 첨단기술을 채용하여 빨리 세탁하는 세탁기의 개발이 아니라 현재의 기술로도 가능한 거북이 세탁기의 개발에 생각이 미친 것이다. 세탁기의 이름도 「시즈카고젠」(조용한 세탁기라는 뜻)이라고 이름붙였는데 아파트 주부들은 물론 일반 주부들에게도 크게 인기를 얻어 히트상품이 되었다.

소비자 행동의 변화는 곧 마케팅 찬스가 된다는 하나의 좋은 예라고 하겠다.

♣ Change occurs only when there is a confluence of changing values and economic necessity.
「변화가 일어나는 것은 가치관의 변화와 경제상의 필요성이 일치되었을 때이다」
— 존·네스벳(네스벳 그룹회장)

# 63 마케팅의 정답은 하나가 아니다

우리의 일반적인 상식으로는 정답이란 하나밖에 없다. 어릴 때부터 정답은 하나라고 인식되어온 인간들은 마치 파블로프의 조건반사 실험에 사용된 개처럼 한 가지 방식으로 계속 반복된 작용이 가해지면 똑같은 반응이 나온다는 것을 진리라고 믿어온 터인지라 정답이 몇 개씩 존재한다면 그것은 납득하기 어려운 과학이라고 생각할 수밖에 없다. 그러나 현실적으로 마케팅의 정답은 하나가 아니라 여러 개가 될 수 있다는 것이다.

예를 들어 3개의 기업체가 각기 나름대로의 전략을 사용하여 마케팅에 성공했다고 하자. 이럴 경우 성공의 정답은 최소한 3개가 된다는 결론이다. 그러나 이같은 정답이 그 후의 실험에서 모조리 오답(?)으로 바뀌는 경우도 있다.

좀처럼 이해가 되지 않겠지만 그 원인은 동일한 현실과 상황이 두 번 다시 되풀이되지 않는다는 불가역성(不可逆性) 때문이다.

모든 것이 시간과 공간 속에서 변화를 계속하는 이상 마케팅의 정답도 훗날에 가서 오답이 될 수 있다는 것은 결코 이상한 일이 아니다. 분명히 말해 정답은 가변적이어서 언제 어느 때 오답으로 바뀔지 모르는 일이다. 그러므로 이같은 사고를 바탕에 깔고, 마케팅 활동에 임하는 것이 시행착오를 줄이는 데 도움이 된다.

　햄버거 하나로 세계시장을 제패한 맥도널드의 타이밍 좋은 전략을 눈여겨 보자. 이 기업은 시류와 소비자의 변화에 끊임없이 적응해 가려고 노력한 흔적을 찾아볼 수 있다. 그리고 이들이 내놓은 마케팅 발상을 눈여겨 볼 때마다 맥도널드가 지니고 있는 탁월한 발상력에 감탄을 금하지 않을 수 없다. 그도 그럴 것이 맥도널드는 현재보다 미래에 무게를 둔 전략을 입안하기 때문이다. 그리고 이 기업의 특징은 이미 증명된 정답이 아무리 합리적이고 과학적이라 해도 그것을 단지 참고로 삼을 뿐 결코 액면 그대로 받아들이는 일이 없다. 여기에서 모든 기업들이 명심해야 할 것은 성공한 기업들이 펴낸 마케팅 전략은 거의 대부분 정답이 되겠지만 그렇다고 해서 그것을 여과 없이 그대로 받아들인다는 것은 너무도 위험스런 일이라고 하겠다. 다시 말하지만 「정답은 끊임없이 변질되거나 변화하는 것이므로 그것이 한때의 정답은 될지언정 영원한 정답은 되지 못한다」는 것을 깊이 깨달아야 할 것이다.

♣ At the game's end we shall see who gains.
「게임이 끝나면 누가 이긴 것을 알 수 있다」

—존·허버드(영국의 성직자)

64 코스트 다운과 경쟁력

경쟁력의 포인트는 소비시장의 변화와 경쟁자의 움직임에 의해서도 달라진다. 오늘처럼 불황이 심화되고 있는 상태에서는 「코스트경쟁력」에 초점을 맞추는 것이 바람직하다.

그것은 취급하는 상품이 경쟁자의 상품보다 가격면에서 싸고 수익면에서도 메리트가 있는 제품인가를 따져봐야 한다. 그러나 현실적으로 그와 같은 상품을 확보하기란 그리 쉽지 않다. 한마디로 손님이 선뜻 물건을 살 수 있는 가격수준이 되지 못하면 상품은 대체적으로 팔기가 어렵다. 그러나 손쉽게 팔려 나간다 해도 그것이 수익성에 플러스가 되지 못하면 아무리 많은 상품이 팔려 나가도 소용이 없다.

어쨌든 손님들이 값싼 가격에 관심을 둔다면 「가격파괴」는 불가피한 일이다. 그러므로 물건을 만드는 메이커나 그 물건을 파는 소매업이 「코스트다운」을 기정사실로 받아들이고 적절한 대책을 강구해야 한다.

우선 소매업자의 입장에서 그 대책이 무엇인가를 생각해 보자.

첫째, 부가가치가 높은 제품을 확보해야 한다. 부가가치가 높을수록 가격의 부담을 덜어준다. 같은 값이라도 부가가치가 어떠냐에 따라 가격이 싸게도 느껴지며 비싸게도 느껴진다.

둘째, 코스트 발생요인을 억제해야 한다. 이 문제는 메이커의 경우도 예외가 아니므로 경비·인건비·물류비 등을 가능한 범위 내에서 절감해야 한다. 이것들은 상품가격을 산정(算定)하는 데 크게 영향을 준다.

셋째, 판매단가를 인하토록 해야 한다. 판매단가를 인하한다는 것은 이익을 적게 취한다는 뜻이다. 무릇 장사의 궁극적인 목적은 이익을 내는 데 있지만 적정이익마저 포기한다는 것은 쉬운 문제가 아니다.

여하튼 코스트 발생요인을 억제하려면 전사적으로 강한 의지와 인내력, 그리고 코스트를 절감시키려는 강력한 체력 만들기가 필수적이다.

강한 경쟁력은 아무런 노력 없이 이루어지는 것이 아니다. 경쟁력의 요소가 되는 것들을 실험대에 올려놓고 뜯어보고 새겨보는 가운데 문제점이 발견되면, 그것을 보완해 나감으로써 막강한 경쟁력을 지니게 되는 것이다.

♣ Cost accounting is the number one enemy of productivity.
「원가계산은 생산성의 최대의 적(敵)이다」
　　　　　　　　　—H·토머스·존슨(허버드 비즈니스 스쿨)

65 매출부진과 도산

　기업의 도산은 아무런 예고 없이 어느 날 갑자기 찾아오는 것은 아니다. 지진이나 홍수도 사전에 징후가 나타나는 법이다. 인간의 질병도 예외가 아니다. 그런데 도산의 징후는 천재지변이나 인간의 질병보다 더 분명하게 나타나기 때문에 정확한 예측이 가능하다.

　도산의 원인을 요인별로 분석해 보면 가장 큰 비중을 차지하는 것이 매출부진이다. 이같은 현상이 오래 계속되면 마침내 도산이라는 이름의 파국을 맞게 된다. 처음에는 매출부진이 그토록 심각한 것이 못되어 대수롭지 않게 여기지만 그것이 결국 도산을 불러들이게 된다. 「가랑비에 옷이 젖는다」는 속담이 있듯이 하찮은 모래구멍이 큰 제방을 무너뜨리는 교훈을 우리들은 무수히 보아왔다.

　어쨋든 매출실적이 나빠지면 즉시 그 원인을 규명해야 한다. 갑작스러운 불경기로 매출실적이 나빠졌다면 이것은 일시적인 매출부진이지만, 매출부진이 만성적으로 지속될 때는 불경기만을 탓할 것이 아니라 자점의 전략부재에도 책임을 져야 한다. 왜냐하면 불황이 오래 계속되면 마땅히 효과적인 상품정책과 판매정책에 손을 써야 하기 때문이다.

　매출액은 「매출단가×판매수량」이라는 산식으로 성립된다.

그렇다면 매출액이 줄어들 경우, 그 원인이 디스카운트(가격 할인)에 의한 매출단가의 하락인지 아니면 판매수량의 감소 때문인지 그 원인을 분석해 볼 필요가 있다. 여하튼 매출부진이나 매출액 감소현상이 나타나면 일단 경영위기가 다가오고 있다는 느낌을 가지고 대응책을 모색해야 한다.

일반적으로 매출부진의 요인으로는 다음과 같은 것을 들 수 있다.

업계의 쇠퇴, 입지환경의 열악, 강력한 라이벌의 출현, 거래처의 감소와 탈락, 주력상품의 매출둔화, 성장성 상품의 판매저조, 판매사원 1인당 매출액의 감소, 판매사원의 정착률 약화, 재고상품의 증가, 클레임의 빈발 등이다.

매출부진에는 반드시 원인이 있다. 그 원인의 한 부분을 자신이 만들어 내고 있다는 것을 자각해야 한다.

♣ A competitive world has two possibilities for you. You can lose. Or, if you want to win, you can change.
「경쟁사회에는 두 가지의 가능성이 있다. 그것은 패자가 될 것인가. 아니면 승자가 될 것인가인데 승자가 되려면 변화에 대응해야 한다」
—레스터·C·드로(매사추세츠 공과대학 교수)

# 매출증대만이 최선인가?

　매출액이 늘고 있는데도 좀처럼 이익이 늘지 않는다면 그 것은 기업이 위기를 향해 접근해 가고 있음을 뜻한다. 또 매 출액의 신장보다 경비(비용)의 신장률이 앞서면 기업은 실질 적으로 적자경영이 진행되고 있는 것이다.

　어느 기업이건 사장실이나 영업본부장실을 기웃거려 보면 책상 위에 놓여진 컴퓨터의 단말기와 벽에 걸려 있는 매출실 적표를 쉽사리 발견할 수 있다. 이렇듯 경영자들은 한결같이 매출증대에 관심을 쏟고 있음을 알 수 있다. 하기는 매출이 늘어나야만 기업이 살아남을 수 있으며 앞으로의 성장도 가 능하기 때문이다.

　그런데 문제는 매출액 증대에 지나치게 신경을 쓰다보면 가장 중시해야 할 이익관리를 소홀히 하는 경향이 있다. 그 하나의 예로서 경영자가 주최하는 확대 간부회의 석상에서도 종종 그와 같은 현상을 목격하게 된다. 그것은 회의 안건이 처음부터 매출증대에만 포커스가 맞춰지고 이익관리에 대해 서는 일언반구의 언급조차 없다. 무조건 매출액을 올리라고 질타하는 경영자 자신도 그 정도의 매출을 올리면 얼마만큼 의 이익이 발생하는가에 대해서는 도무지 캄캄하다.

　흔히 경험하는 일이지만 대대적인 바겐세일을 실시하고도

이익은 고사하고 손해만 보았다는 어처구니없는 일이 종종 일어난다. 또한 지나친 판촉경쟁 때문에 많은 경비가 발생하여 당기 이익이 마이너스를 시현하는 일도 있다.

최근 기업을 둘러싼 경영환경과 여건이 너무도 악화되어 최소한 전년도 수준의 매출액을 올린다 해도 상품가격의 인하와 박리(薄利)전략으로 조(粗)이익률의 감소가 불가피하다. 그러므로 경영을 담당하는 사람은 전기(前期)의 손익계산서를 비교해 가면서 이익관리를 철저히 하지 않으면 안 된다. 어려운 역경과 힘겹게 싸워 매출액을 올려 놓았지만 결과적으로 손해를 보았다면 억울함은 그만두고라도 기업의 장래가 걱정스럽다.

더욱 경계해야 할 것은 무모한 판매경쟁에 휘말려 외상대금과 부실채권을 잔뜩 끌어안게 되면 기업의 재무구조는 급격히 악화될 수밖에 없다. 거기에다 대금의 회수가 늦어지거나 아예 받지 못하는 일이 생기면 기업은 운전자금 부족으로 당장 회사의 문을 닫아야 할 판이다.

이 밖에도 물건이 팔리지 않아 재고량이 쌓이는 것도 자금회전을 어렵게 만든다.

# 67 지금이 아웃소싱의 기회

기업이 부담하는 경비를 크게 구분한다면 변동비와 고정비로 나누게 된다. 변동비란 매출이 늘어나면 늘어날수록 증가하는 경비이며, 고정비란 매출이 늘어나든 줄어들든 고정적으로 지출되는 경비를 말한다. 특히 고정비의 항목으로는 인건비, 임차료, 감가상각비 등이 있는데 그 중에서도 큰 비중을 차지하는 것이 인건비이다.

기업이 종업원을 고용하는 한 정기적으로 물가상승을 감안하여 급여를 올려주어야 하며 종업원이 자진해서 직장을 그만두지 않는 한 기업이 부담하는 인건비는 계속 늘어날 수밖에 없다. 그러므로 인건비를 포함한 경비의 신장률 이상으로 매출액이 늘지 않으면 이 고정비는 경영의 족쇄가 되어 기업에 고통스럽게 작용할 것이다.

결국 이에 대한 해결책으로서 아웃소싱(out sourcing)을 전제로 한 경영구조의 개혁을 생각하지 않을 수 없게 된다. 아웃소싱이란 현재의 생산, 유통, 포장, 용역의 일부 또는 전부를 하청기업에 발주하거나 외주를 주어 사외(社外)에서 필요한 것들을 조달하는 경영전략을 말한다. 여기에는 질(質)에 대한 문제도 없지 않아 있지만 가능한 한 외주를 주어 앞으로 더욱 가중될지도 모를 인건비나 기타 경비의 부담을 덜어

주는 것이 바람직하다.

따라서 기업경영자는 사태를 과학적으로 분석하여 이에 대응해야 한다. 때에 따라서는 과단성 있는 결단도 필요하다.

예를 든다면 한꺼번에 대량해고를 단행할 경우 그들을 구제하기 위한 방법으로 분사화(分社化)하는 방안도 고려될 수 있다. 이를테면 제조업의 경우, 공장의 한 부분을 분리·독립시키는 방안이다. 물론 그들이 자주적으로 경영을 하기까지 일정기간 본사가 지원해 주는 것이다. 그러나 이런 일은 결코 쉬운 일이 아니다.

여하튼 노임이나 생산단가를 생각한다면 지금이야말로 아웃소싱이 절대로 필요한 시기임에 틀림없다. 국제적으로 중국 등은 아웃소싱의 적절한 대상국으로 꼽히고 있다. 중국 이외의 동남아 국가들은 기술수준이나 경제적 안전성 차원에서 우리의 아웃소싱 대상국이 되지 못한다.

오늘 이 시점에서의 우리나라 기업이 생각해야 할 아웃소싱의 의미는 참으로 크다고 하겠다.

♣ When you're green, you're growing. When you're ripe, you rot.
「미숙한 기간동안을 성장한다. 그러나 성숙해지면 그 후는 쇠퇴해 갈 뿐이다」

—헤이·크록크(맥도날드 회장)

68 경영의 안전성

경영이란 참으로 재미있는 일이지만 실책을 용납하지 않는 게임이다. 오늘의 산업계의 경영환경은 최악의 상태라고 할 만큼 좋지 않다. 이러한 숙명의 고삐에 묶여 있는 경영자들은 사업을 전개해 나가는 데 있어서 무엇이 중요하고 무엇이 핵심이 되는가를 분명히 인식하고 있어야 한다. 여기에서 그것들이 무엇인가에 대해 생각해 보자.

첫째, 안전성이 보장된 투자활동을 해야 한다. 특히 경기변화가 심하고 불경기가 심화(深化)되면 이익경영에 불안을 느낀 나머지 적은 투자로 큰 돈을 벌 수 있는 벤처사업에 손을 대는 일이 있다. 그러나 이 모험산업은 비교적 성공률이 낮고 가능성도 희박하다. 그런 탓에 이 모험주의적 사업전개를 정도(正道)라고 보는 시각은 그리 흔치 않다. 가뜩이나 경기전망이 불투명하고 혼미한 상태에서는 여간 성공에 대한 확신이 없는 한 모험에 가까운 투자는 하지 않는 것이 바람직하다. 한마디로 기업의 투자는 안전성, 수익성, 환금성이 보장된 것에 한해야 한다.

둘째, 기업경영자는 위기의 실체를 읽고 이에 대응하는 능력을 갖고 있어야 한다. 그런데도 위기의 본질을 읽어내지 못하고 시각차를 드러내는 경영자는 자칫 기업을 위기로 몰고

갈 위험이 있다. 예를 들어 출항한 선박이 폭풍우를 만나 침몰위기에 처했을 때 그 배를 구해낼 사람은 오직 선장밖에 없다. 즉 선장의 탁월한 위기관리 능력만이 난파선을 구할 수 있다는 것이다. 이처럼 경영자는 기업의 안전운행을 위해 남다른 선견력과 현실타개의 능력이 필요하다.

셋째, 사업에 필요한 인재의 확보가 중요하다. 이것은 상식 중의 상식이다. 예로부터 「용장 밑에 약졸 없다」는 말이 있다. 능력이 있는 경영자는 왜 훌륭한 인재가 필요한가를 너무도 잘 알고 있다. 능력 있는 부하와 함께 일하면 모든 일에 호흡이 잘 맞아 하는 일이 매끄럽게 진행된다.

우리는 가끔 「적전분열」이라는 말을 들어본다. 즉 큰일을 앞두고 뜻이 맞지 않아 내부분열을 일으키는 상태를 말한다. 안전하고 순조로운 경영을 성취하려면 한마음, 한뜻이 되는 사람(인재)이 필요하다. 이것은 기업경영의 첫째되는 요체일지도 모른다.

경영에 있어 위의 3가지 요소가 핵심이 됨을 인지하고 있어야 한다.

69 금리의 유혹

　기업이 도산할 경우 그 원인이 힘겨운 차입금 때문일 때가 많다. 불행하게도 기업의 도산은 최근에도 심심치 않게 꼬리를 물고 있다. 도산에는 그럴 만한 이유와 원인이 있겠지만 대부분 과거의 무리한 시설투자와 얼어붙은 경기침체에 원인이 있다고 하겠다.

　중소기업의 경우 설비투자나 고정자산을 취득할 때 금융기관으로부터 차입을 하는 일이 많다. 물론 능력이 있는 대기업의 경우는 회사채 발행이나 증자의 방법을 통해 자금을 마련하는 일도 있지만 중소기업의 경우는 자금마련이 식은 죽 먹듯이 그리 쉬운 일만은 아니다. 그래서 결국 조건이 나쁜 방식으로 돈을 꾸어쓰게 된다. 특히 공장을 건립할 경우 내용년수(耐用年數)와 차입금 반제의 기간이 동일하다면 또 몰라도 대부분의 경우 반제기간은 내용년수에 비해 훨씬 짧다. 이 말은 반제기간이 짧으면 짧을수록 감가상각액의 부담이 무거워진다는 것을 뜻한다.

　거기에다 반제에 필요한 자금은 이익＋감가상각액이 된다. 그런데 이렇게 하여 시설한 설비가 풀로 가동되고 있다면 몰라도 시설물이 놀고 있거나 잠을 자고 있다면 이 때문에 자금회전은 악순환을 거듭할 수밖에 없다. 흔히 자금악화에서 오는 도산의 원인이 바로 여기에서 비롯된다.

　이렇게 되면 자금위기를 봉합하기 위해 또 다른 기채(起債)를 발생시켜 자금부족을 메우지 않으면 안 된다.「피로써 피를 씻는」어려운 고비를 맞게 된다. 요컨대 아무리 금리가 낮다고 해도 무작정 남의 돈을 빌려 쓰는 것은 깊이 생각해 볼 일이다. 자칫 잘못하면 돌이킬 수 없는 비극을 불러들일 도화선이 될 수도 있다는 것이다. 금리차를 이용한 장사는 일종의 투기행위나 다름없다. 당장은 달콤한 이익이 생긴다 해도 갑자기 금리가 오르면 기업은 큰 대미지를 입게 된다. 그러므로 몇 년 앞을 내다보는 금리변동의 투시안이 필요하다. 금리감각이 어둡고 판단이 흐리면 큰 시련까지도 겪을 수 있다.

　여지껏 과거의 차입금 문제로 고통을 받는 기업이 있다면 금리인하 움직임에 미련을 두지 말고 차라리 부채정리책을 강구하는 것이 현명하다. 작은 유혹에 의하여 전체를 상실하는 우를 범할지도 모르기 때문이다.

♣ It is more important to minimize risk than to maximize profit.
「이익을 최대로 끌어올리는 것보다, 리스크를 최소한도로 저지하는 것이 중요하다」

—버너드・S・글라스만(부동산 개발업자)

 나는 어떤 경영자인가?

「당신 같은 사람은 사장의 자격이 없다」고 얼굴을 마주 대한 자리에서 이렇게 말할 수는 없지만 솔직히 말해 경영자보다 부하쪽이 훨씬 사장의 적성에 맞는 사람이 있다.

말할 필요도 없이 경영자에게는 필수적인 적성과 자질이 있어야 한다. 사업을 성공시키려면 경영자의 능력(자질)이 거의 절대적이다. 말하자면 「결단력」, 「통솔력」, 「실행력」, 「결속력」, 「판단력」, 「경영기법」 등의 능력이다.

요컨대 이같은 능력이 경영자에게 있느냐! 없느냐!에 따라 기업의 장래가 결정된다. 왜냐하면 기업은 어디까지나 경영자의 능력만큼 발전하기 때문이다. 뿐만 아니라 경영자의 재치에 따라 업적이 신장되기도 하며 부진하기도 한다. 기업이란 결국 경영자의 능력에 의해 점수가 매겨진다. 그래서 경영자의 능력이 오늘날 더욱 중시되고 있는 것이다.

「사업을 성공시키는 것」과 「회사를 운영하는 것」은 반드시 이퀄관계라고는 할 수 없다. 사업이 잘되어 업적이 올라가는 순간 경영이 기우뚱거리는 일이 있다.

그 원인의 대부분이 경영자의 독선 탓이다. 경영자의 카리스마적인 독선은 합리적인 경영을 가로막는다. 그 까닭은 대략 다음과 같다.

무엇이든 자기 뜻대로 되지 않으면 직성이 풀리지 않는다. 부하들을 전적으로 신뢰하지 않는다. 타인의 의견을 듣지 않는다. 자신에 대한 충고를 싫어한다. 자신의 뜻에 반대하면 무조건 걸림돌로 생각한다. 기업을 자신의 개인 소유물로 인식한다 등이다.

이같은 상태에서는 건전한 조직이 형성될 리가 없다. 또 이런 경영자 주위에는 항상 「예스맨」이 에워싸고 있다. 대부분의 독선적 경영자는 생각과는 달리 매우 소심한 데가 있어서 자신의 결점이 외부에 노출되는 것을 극도로 두려워한다. 이런 생리를 모를 리 없는 약삭빠른 예스맨은 일체의 비판을 삼가고 충고 대신 찬사를, 조언 대신에 알랑거림으로써 상사의 비위맞추기에만 급급하다. 결국 이래서 그 독선적 경영자는 심각한 정보부족과 정보고갈상태에 빠지고 만다. 우둔하고 어리석은 경영자는 이래서 더욱 무식해지고 더욱 과신(過信)과 망상에 사로잡히게 되는 것이다.

71 우유부단은 도산을 부른다

　호인형이며 우유부단한 사람은 아무런 문제도 생기지 않는 평상시에는 그런 대로 인기 있는 경영자로 대접을 받는다. 이런 사람은 평소 부하들의 어려움이나 고충까지도 잘 헤아려 처리해 주기 때문에 사장치고는 제격이다. 그런데 놀랍게도 회사가 도산된 기업 가운데 가장 많은 비율을 차지하는 경영자가 바로 이같은 유형의 우유부단한 타입이라는 사실에 주목해야 한다.

　소신이 없어 결단을 미루다가 찬스를 놓치는 일이 많다. 이런 사람들의 거의 대부분은 「혹시나 결단을 잘못 내렸다가 실패라도 하면 어떻게 하나…」하는 두려움과 망설임 때문에 분초를 다투는 타이밍을 놓치고 만다. 외국의 격언에도 「서투른 사람이 시간을 잡아먹는다」는 경구가 있다.

　그 어느 시대보다도 스피드가 요구되는 현대사회에서는 특히 비즈니스의 경우 「예스」냐 「노」냐의 결정은 빠르면 빠를수록 유리하다. 죽느냐 사느냐의 치열한 생존경쟁 속에서 살아남기 위해서는 발빠른 경영자의 명쾌하고도 올바른 결단이 요구된다.

　예를 들어 아파트 단지가 들어서는 신도시에 점포를 출점할 경우 으레 사장을 중심으로 간부회의가 열린다. 회의석상에서는 점포의 입지조건이나 시장의 전망에 대해 치열한 공방전이 전개된다. 여러 차례의 회의가 거듭되지만 좀처럼 결론이 나지 않는다. 이럴 경우 우유부단한 경영자가 바라는 것은 만장일치의 결론일 것이다. 그러나 그것은 하나의 꿈이요 이상에 지나지 않는다. 결국 어느 시점에 이르면 경영자는 자신의 견해를 밝히고 결단을 내려야 할 시점에 놓인다. 그것은 곧 회사의 경영방침을 천명하는 순간이며, 최고 통수권자로서의 결심을 선언하는 순간이 된다. 그런데도 우유부단한 경영자는 가급적 이러한 연출을 하지 않으려고 애쓴다. 이와 같은 경영자의 현실도피는 결국 기업도산을 불러들인다.

미국의 심리학자 윌리엄 제임스는 「우유부단이 습관화된 사람만큼 비참한 사람은 없다」고 했다. 이보다 더 심한 말을 한 사람이 양계초(1873~1930 ; 중국 청나라 때 학자, 사상가)이다. 그는 우유부단을 방관자로 간주했으며 이 세상에서 방관자보다 더 보기 싫고, 얄밉고, 비열한 자는 없다고까지 말했다. 오늘의 경영자가 꼭 귀담아 들어야 할 말이다.

♣ A rotting fish begins to stink at the head.
「생선이 썩을 때는 머리부터 썩는다」

—이탈리아의 속담

# 경영자의 스트레스 대응책

오늘의 경영자 가운데 스트레스에 걸려 있지 않은 사람은 거의 없다. 머리가 아프다! 귀가 멍멍하다! 어깨가 결린다! 소화가 안 된다!……이런 증상을 호소하는 사람이 있지만 막상 병원에 찾아가 엑스레이 사진을 찍거나 맥박이나 혈액검사를 해보아도 뚜렷한 원인을 발견해 내지 못한다. 스트레스는 한마디로 세간에 널리 알려진 현대병이라고 할 수 있다.

임상학적으로는, 캐나다의 H·셀리에가 주장하는 생리의 일그러짐을 스트레스라고 이름 붙이고 있다. 스트레스를 유발하는 원인에는 물리학적·과학적·생물학적·정신학적인 것들이 있지만 인간관계의 알력 등 심리적인 원인에서 발생되는 일이 많다.

현재 우리나라 경제는 아직까지 뚜렷한 회복기미가 보이지 않아 기업경영에 관여하는 수많은 경영자들이 크고 작은 심리적 부담 때문에 스트레스에 시달리고 있다. 그런데 문제는 스트레스에 걸려들면 우선 사기가 저하되고, 무슨 일이건 의욕이 생기지 않는다. 사업을 하는 사람이 의욕을 상실하는 것은 기업을 포기하는거나 다름없다. 기업이 무너지면 고용이 와해되고, 고용이 와해되면 실업이라는 큰 사회적 문제가 발생한다. 이렇게 되면 경제적 책임과 실업의 책임이 모두 경영자에게 돌아간다. 경영자가 스트레스에 사로잡히면 공연히 심리적으로 불안해지거나 초조해진다. 그래서 생각과 판단을 그르치게 만들어 기업은 위기의 수렁으로 빠져든다.

생산은 건전한 사고를 디딤돌로 하여 이루어지는데 정신력이 약해지고 판단력이 흐려지면 생산의 기축(基軸)은 근본부터 흔들리게 된다. 오늘의 기업여건은 매우 좋지 않다. 이같은 역경을 잘 견뎌내고, 잘 대응한 사람은 거의 스트레스와 싸워 이긴 사람들이다. 요컨대 경영자 스스로가 셀프컨트롤에 의해 스트레스를 물리치는 일이 중요하다. 우선 규칙바른 생활이 필요하다. 그리고 인지적(認知的) 평가를 잘해야 한다. 즉 스트레스를 받아들이는 개인적인 자세가 중요하다는 말이다. 셀리에 박사는 대응행동, 즉 공격과 도피와 면역이라는 문제해결에 있어서 과제중심의 대응과 정서중심의 대응을 강조하고 있다.

비근한 예로서 어떤 경영자는 어음결제기일이 다가오면 반드시 설사를 하는 사람이 있다. 어려운 문제가 발생했을 때 스트레스에 대한 인지적 평가를 어떻게 하느냐에 대한 하나의 시사(示唆)이기도 하다.

♣ The moment you stop working, you are dead.
「일하는 것을 그만두는 순간, 살아가는 것도 그만두는 것이 된다」

—리타·레비몬 탈치니(노벨생리학상 수상자)

73 포기해서는 안될 소망의 꿈

어느 모럴리스트는 이런 말을 했다.

「누구든 간절히 염원하면, 그것을 반드시 손에 넣을 수 있다. 성공은 육중한 산처럼 버티고 서서 우리가 접근해 오기를 인내심 있게 기다린다.」

이 말은 성공을 염원하며 꾸준히 노력하는 사람에게는 분명히 성공이 이루어진다는 함축적인 의미가 담긴 말이다.

장사란 성공을 손에 넣기 위한 투쟁이다. 오늘도 수많은 기업가나 비즈니스맨들이 이 성공을 쟁취하려고 그 어떤 형태로든 싸움을 계속하고 있다. 그러나 이같은 성공은 마음 먹은 대로 다 이루어지는 것은 아니다. 그렇다면 그 이유는 무엇 때문일까? 우선 오늘의 산업계를 유심히 재조명해 볼 필요가 있다.

불황이라는 강진이 휩쓸고 간 자리에는 아직도 여진이 꿈틀거리고 있다. 피부로 느껴지는 시장경기는 최악이라고 할 정도로 나쁘다. 이미 많은 기업들이 도산했으며 실업자도 양산되었다. 얼어붙은 산업의 현주소를 기업현장에서 어렵잖게 찾아볼 수 있다. 여기에다 기업인의 좌절과 실망이 기업을 더 깊은 수렁으로 몰아가는 것이 문제다.

그러나 우리가 절대로 포기하거나 짓밟아서는 안될 것이

있다. 그것은 성공을 쟁취하려는 소망의 꿈이다. 최악의 상황에서도 일부 기업들은 썩고 병든 제도와 조직을 도려내고 그 그루터기에 새로운 생체를 접목시키려는 경향이 감지되고 있다. 이것은 대기업의 인위적인 구조조정과는 전혀 다른 움직임이다.

질곡(桎梏)의 과거는 우리 기업인들에게 많은 시사(示唆)를 던져주었다. 그것은 체념상태에서 죽음을 기다리는 것이 아니라 집념과 용기를 가지고 생존과 대결하라는 교훈이다.

누구든 새로 태어나려는 강한 욕구와 의지를 소유할 때 거기에는 불가사의의 힘이 솟아오르는 법이다. 새로 태어난다는 것은 모든 생리가 새로워진다는 것을 뜻한다.

무릇 새것을 얻기 위해서는 필수적인 노력도 중요하지만 강력한 백본(back bone ; 정신적인 지주)이 뒷받침되어야 한다.

어려운 시대를 살아가는 우리 기업인들이 포기해서는 안될 꿈은 성취와 성공의 실현인 것이다.

74 감지해야 할 위기의 실체

「손실」과 「파멸(도산)」의 경제적 의미는 마치 물리학의 중력의 개념과 비슷하다. 우리가 땅 위를 걸어다니는 원인의 하나가 중력의 탓이라고 한다면 비지니스의 세계 역시 중력의 원리를 무시할 수 없다.

고층건물의 옥상이나 벼랑 끝에서는 누구나가 다 두려움을 느낀다. 추락은 곧 중력의 작용에 의해 발생한다. 그러나 이같은 두려움이 신체의 안전을 도모해 주는 것이다.

예를 들어 상품이 잘 팔리지 않는다! 거래처가 흔들리고 있다! 이같은 염려와 두려움 때문에 결국 구조의 개혁이나 제도의 개선책을 강구하게 된다.

이처럼 손실과 파멸에 대한 공포의식은 위기에 몰린 기업의 활로를 열어주는 촉매역할을 해주는 것이다. 따라서 파멸할지도 모른다는 위기의식을 느낀 기업들은 최선의 노력을 기울여 현실의 어려움을 극복해 나가는 것이다.

그러나 이 위기의식에 둔감하여 사태를 가볍게 여기는 기업은 자사에 가해지는 중력을 견뎌내지 못하고 마침내 나락(奈落)으로 곤두박질칠 수밖에 없다.

경영의 위기는 불확실한 시간과 공간 속에 잠복해 있다가 어느 영역이 취약해지거나 저항력이 약해지면 곧바로 폭발을 일으킨다.

그러나 항상 긴장감을 풀지 않고 상황변화를 주시하는 기업은 자사를 향해 소리 없이 다가오는 위기의 실체를 어느 정도 알아차릴 수가 있어 위기에 적절히 대응할 수가 있다.

이것은 마치 지진을 예측하는 일과도 흡사하다. 지진의 예지(豫知)는 지각변동, 지진파속도의 변동, 지구자기, 지전류의 변동, 지하수의 변화 등 다양한 정보가 가늠대로 이용되고 있다.

이와 마찬가지로 기업의 손실과 파멸을 가져오게 하는 각종 예후나 징조를 반드시 알아내야 하는 것이다. 이를 위해서는 자사의 경영시스템이나 제도의 전반적인 재평가와 이에 따른 문제점 그리고 이에 대한 해결책을 중점적으로 강구해 나가야 할 것이다.

한편 외적으로는 경기변동의 예리한 관찰과 경제동향의 통계적 자료의 분석에 의해 자사에게 접근해 오는 위기의 실체를 밝혀내는 것이다.

♣ There are two classes of people who tell what is going to happen in the future: Those who don't know, and those who don't know they don't know.
「미래를 예측하는 사람 중에는 두 종류의 사람이 있다. 즉 아무것도 모르는 사람과 자신이 모르는 것을 알지 못하는 사람이다」

—존·K·갈브레이드(미국의 경제학자)

훌륭한 판매의 조련사

　조련사가 맹수를 마음대로 다루는 모습을 보고 많은 사람들은 강자와 약자 사이에 어떻게 저런 관계가 성립될 수 있을까 하는 의아심을 가질 것이다.

　이처럼 지배자와 피지배자 사이에는 동물적인 역학구도와는 다른 보다 차원 높은 힘의 관계가 존재한다는 것을 알아둘 필요가 있다. 바로 맹수가 순순히 조련사에게 순응하는 그런 물리적인 관계가 있다는 것이다.

　어쨌든 노련한 조련사는 제아무리 사나운 짐승이라도 그것을 자유자재로 다룰 줄 아는 비결을 갖고 있다. 조련사는 모든 동물의 습성이나 반응을 속속들이 알아두었다가 상황에 따라 그것을 잘 이용하거나 활용하는 것이다. 이같은 원리는 비단 조련사 뿐만이 아니라 먹이를 사냥하는 동물도 예외가 아니다. 이런 맥락에서 판매원과 고객 사이의 역학관계를 생각해 보기로 하자.

　예를 들어 매장에 찾아온 손님이 판매원보다 월등히 우월적인 위치에 있다고 하자. 학식이나 인품이나 사회적인 지위나 물질적인 면에서 우월할 뿐만 아니라 구매의 결정권까지 갖고 있는 상태에서는 판매원의 힘은 객관적으로 무력할 수밖에 없다. 이런 여건에서는 지배하려는 사람(고객)의 힘의 균형을 쉽사리 허물어뜨릴 수 없다. 그러나 결코 비관할 필요는 없다. 판매원이 이길 수 있는 유일한 방법은 고객의 허점(아킬레스건)을 집요하게 물고 늘어지는 일이다.

그것은 손님이 알고 싶어하는 상품의 메리트, 효용가치, 꼭 그 상품을 사야 할 필요성, 우월감의 충족, 획득욕의 성취 등이다. 그러나 이것만으로는 사냥에 실패한다. 「내가 이 물건을 사지 않으면 자존심이 상한다」는 상품 외적인 인격에 치명상을 주는 일이다.

현대인의 구매동기는 옛날과는 많이 달라졌다. 즉 상품 그 자체가 지니는 니즈를 충족시키기 위해 구입하는 경우도 적지 않다. 따라서 우수한 조련사가 되려면 자신이 할 수 있는 기량만으로 만족해서는 안 된다. 요컨대 자신이 할 수 없는 일까지 해내야 하는 것이다.

슛을 쏘지 않고는 절대로 골을 넣을 수 없다. 우수한 슛쟁이들은 평소에 여러 각도에서 슛을 쏘는 연습을 한다. 훌륭한 판매원이 되기 위한 노력도 그러하다고 하겠다.

76 값진 흔적

「피아니스트의 손가락은 얼마나 아름다울까…」하고 사람들은 생각하겠지만 이같은 상상과는 달리 그들의 손가락은 쉴 새없는 연습으로 거칠고 단단하게 못이 박혀 있다. 이 참담한 모습의 손가락이 우리가 상상했던 피아니스트의 아름다운 손가락이다. 그런데 건반에서 이루어지는 아름다운 선율이 이 거칠고도 모진 손가락에 의해 만들어진다는 것을 잊어서는 안 된다.

비단 피아니스트만이 아니다. 어떠한 직업이든 그가 담당하는 일에 열심히 노력하는 사람의 몸에서는 마치 그의 노력을 대변해 주듯이 그 어딘가에 못이 박혀 단단해진 흔적을 보게 될 것이다. 그와 같은 흔적은 피와 땀으로 얼룩진 노력의 표적이라 해도 좋다.

대체적으로 흔적에는 「약한 흔적」과 「강한 흔적」이 있다. 강한 흔적은 직업인으로서 손색이 없는 표적이지만 약한 흔적은 직업인으로 인정받기에는 아직 미숙한 인지 정도의 자국이다.

유능한 경영자나 세일즈맨도 처음에는 극히 소수의 사람들로부터 인지될 정도의 역량밖에 갖추지 못했다. 그러한 그들이 시간과 싸우며 형극(荊棘)의 길을 꾸준히 달려 준족(駿足)

이 될 무렵에는 양발에 못이 박히고 무쇠처럼 단단해질 것이다. 이때부터 이들은 험산준령도 어려움 없이 넘게 되며 고독과 좌절의 망망대해에서도 인내할 수 있게 된다. 뛰어난 관리자나 세일즈맨은 결코 하루아침에 만들어지는 것이 아니다. 약하고 작은 고난의 상흔(傷痕)들이 모이고 다져져 강하고 큰 흔적을 만들 때 비로소 위대한 모습으로 뭇 사람들 앞에 클로즈업 되는 것이다. 이렇듯 흔적을 만들어 내는 수고와 노력은 참으로 쓰고 괴롭지만 그 열매는 매우 달다.

무릇 기업경영자나 세일즈맨들이 좋은 일, 나쁜 일을 가리게 되면 그러한 경험에서는 완전한 것을 챙길 수 없다. 남을 이끄는 위치에 있는 사람은 가급적 많은 경험이 필요하다. 그리고 훌륭한 경영자는 항상 남들로부터 비난과 비평을 받는다. 그것은 제일 좋은 과일을 새들이 골라서 쪼아 먹듯이 그 경영자가 잘난 탓이라고 자부해도 좋다.

요컨대 우리들은 손가락에 피멍이 들도록 건반과 싸우는 피아니스트의 교훈을 배워야 한다.

♣ It takes twenty years to make an overnight success.
「하룻밤 사이의 성공은 20년 동안의 노력이 숨어 있다」
—에디·캔토(미국의 코미디언)

# 77 경영자는 이노베이터

　우리나라의 기업경영자 중에는 구시대의 농경문화적 관습이나 풍토의 영향을 받아 보텀업(bottom up)형의 리더가 비교적 많다. 보텀업이란 하부로부터의 의견, 정보, 기획 등을 받아들여 경영을 해 나가는 관리형태이다. 이와 같은 경영방식은 매우 무기력한데다가 한계가 있어서 경영자의 독자적인 사고보다는 조직의 의사에 의해 기업을 이끄는 경향이 있다.

　어쨌든 오늘의 기업 여건은 크게 변화되었다. 따라서 모든 기업은 구조나, 제도나, 시책면에서 자의든 타의든 변혁을 강요받고 있다. 그렇다면 장래는 과거나 현재의 연장선상이 아닌 새로운 발상에서 시작되지 않으면 안 된다.

　오늘의 기업경영자의 자질은 개인의 지적 능력, 기술, 인격 등도 중요하지만 외부환경, 집단목표, 현실적인 문제 등에 대한 이노베이터적인 역량을 요구받고 있다. 단기적인데다가 실무적·체험주의적에만 집착하는 관리자는 근시안적인 발상밖에 내놓지 못한다.

　현대는 과거의 지식이나 기술이나 노하우가 급속도로 진부화되고 있는 실정이며 경험주의가 붕괴되고 있는 시대이다. 앞으로의 경영자는 오퍼레이터적인 사람이 아니라 전략적인 사고를 지닌 전략형 경영자로 탈바꿈해야 하는 것이다.

미국의 경제학자 슘페터는 오늘의 관리자상에 대해 다음과 같이 말하고 있다.

「기업이 성장할 수 있는 신제품 개발, 신생산방식의 도입, 신판로의 개척 그리고 원료 및 반제품 등의 새로운 공급원 확보, 새로운 조직의 실현과 각 분야에서 신기축(新機軸)을 도입하여 혁신을 이루는 자」라고 정의했다.

이노베이터는 창조적 파괴를 소신 있게 해내는 개혁자를 말한다. 창조적 파괴란 지난날의 잘못, 실패, 낡은 것, 형해화(形骸化)한 것, 시대에 뒤떨어진 것, 비생산적인 것을 미련 없이 도태시켜 새것으로 대체한다는 뜻이다.

주역(周易)에 이런 말이 있다. 「사람이 궁해지면 달라지게 되고 달라지면 통하게 된다」고 했다. 사람은 위기에 몰리면 본능적으로 위기에서 탈출하려고 몸부림 친다. 그리고 끝까지 최선을 다하는 사람에게는 행운의 여신도 살 길을 터준다는 것이다.

78 특권을 소유한 자의 의무

사회적 지위를 가진 사람은 그 지위에 걸맞는 일을 해내야 한다. 즉 자신에게 주어진 역할과 책임을 완수해야 한다는 것이다.

그럼에도 불구하고 사장이 되어도 부장 정도의 일 밖에 하지 못하면 그 사람은 그 자리에 앉아 있을 자격이 없다. 이와 관련된 비유의 말이 있다. 그것은 「노블리스 오블리제(noblesse oblige)」라는 말이다. 이 말의 뜻은 「높은 신분에 따른 도덕상의 의무」인데 좀더 구체적으로 말한다면 「특권을 가진 자의 의무」라고 해석하는 것이 좋다.

영국의 귀족사회에서는 이 노블리스 오블리제라는 자존심 때문에 자신의 언어와 행동을 엄격히 규제한다. 이들 대부분의 자녀들은 명문고교 재학시절 매일 아침 6시에 잠자리에서 일어나 기숙사의 마루바닥을 닦는다. 이처럼 고된 하루의 일과와 규칙을 통해 심신을 단련하고, 남들이 위험한 지경에 이르면 물불을 가리지 않고 구해 주는 정의감까지 배운다. 이처럼 정의와 의무와 책임감으로 인격을 무장한 후 사회에 진출하는 것이다.

노블리스 오블리제의 정신은 「사회가 자신을 어떻게 평가하는가」하는 자존심에 의해 배양되는 것이다. 그래서 사장은 사장답게, 부장은 부장답게 열심히 자기직책에 충실하는 것이다.

조직사회에서는 한 사람의 실패가 곧 다른 사람의 위험으로 연계되기 때문에 당연히 책임이 무거울 수밖에 없다. 이같은 사고가 책임추구의 사회제도를 만들어 낸 것이다.

이제 우리의 모든 경영자와 리더들은 특권을 소유한 자의 의무를 어떻게 감당해 나갈 것인가 하는 것이 위기를 극복하는 과제라고 생각한다.

그것은 유럽의 「이익공동체」처럼 계약제에 의한 약속의 준수, 의무와 책임에 입각한 상(商)도의의 확립, 능력주의에 의한 생산량 확대 등이라고 하겠다.

마키아벨리는 다음과 같이 말했다.

「직책이 인간을 떠받치는 것이 아니라 인간이 직책을 빛나게 한다」고.

특권을 가진 경영자나 리더는 이 말에 귀를 기울이기 바란다.

♣ Working with people is difficult, but not impossible.
「남들과 함께 일한다는 것은 여간 어려운 일이 아니지만 불가능한 것은 아니다」
—조지·워싱턴 대학교의 어느 낙서 중에서

79 박수갈채의 참뜻

사람들은 누구나 자신에게 능력이 있고 없고에 관계없이 남에게 인정받기를 좋아한다. 그러나 능력도 없는 주제에 남에게 인정을 받으려다가 그것이 뜻대로 되지 않아 폭군으로 변해버리는 일까지 있다.

프랑스의 모랄리스트인 알랭은 폭군으로 알려진 네로 황제에 대하여 「네로는 자신이 훌륭한 예술가라고 생각했던 것 같다」고 말한 일이 있다. 네로는 서투른 솜씨이긴 했지만 하프(현악기의 일종)를 즐겨 켰던 모양이다. 아마도 그에게는 음악적인 예술감각이 있었던게 아닐까.

누구든 악기를 훌륭하게 연주하려면 꾸준한 연습이 필요하다. 그것도 바른 연습을 규칙적으로 계속해야 한다. 그러나 네로는 그와 같은 기본적인 레슨을 한 번도 받아본 적이 없다. 그럼에도 불구하고 그가 하프를 연주할 때마다 우뢰와 같은 박수갈채가 터져 나온 까닭은 무엇 때문일까? 그 까닭은 네로의 돼먹지 못한 연주를 비난할 생각이 있다면 당장 목숨을 내놓아야 했기 때문이다. 네로의 연주회는 번번이 성공했으며 그때마다 박수갈채는 장내를 뒤흔들었다. 만일 우둔한 네로가, 청중들이 자신의 폭력이 두려워 마음에도 없는 갈채를 보 내고 있다는 사실을 알았다면 그는 허구가 아닌 진정한 갈채의 가치를 깨닫고 자신의 어리석음을 부끄러워 했을 것이다.

우리 주변의 경영자 가운데에는 자신의 능력은 생각지도 않고 모든 잘못과 책임을 남에게 전가시키려는 사람이 있다. 조직이 커지고 업적이 향상되면 그것을 마치 자신의 능력 탓이라고 뽐내며 자랑한다. 그러나 반대로 물건이 팔리지 않고 클레임이 발생하면 그것은 모두가 부하 탓이라고 고스란히 약자에게 올가미를 씌운다. 그것만으로는 직성이 풀리지 않아 마치 권선징악(勸善懲惡)이라도 하듯이 강자의 논리로 인사조치를 자행하는 것이다. 경영자 스스로의 능력부족은 깨닫지 못하고 결과의 책임만을 부하에게 뒤집어씌우는 그러한 경영자는 폭군 네로와 조금도 다를 바가 없다.

뭇 사람들로부터 박수와 갈채를 받는 것은 참으로 멋지고 신바람나는 일이다. 그렇게 되고 싶으면 경영을 책임진 사람이 먼저 부하보다 몇배, 몇십배 공부를 하고 노력을 해야 한다. 권한과 권력에 의해 강요된 박수갈채는 아무런 의미도 없다. 돈을 주고 구걸한 갈채도 마찬가지다. 유능한 경영자는 「자신이 그만한 박수와 갈채를 받을 만한 자격이 있다」고 확신하는 사람일 것이다.

80 의사결정의 중요성

　관리자 중에는 한국적인 센티맨틀리즘이나 동정주의에 발목이 잡혀 어떠한 결정을 내릴 때 간혹 심약한 상태가 되는 일이 있다.

　예를 들어 부하사원이 건의해 온 제안이 마음에 들지 않아 거부해 버리고 싶지만 혹시나 그의 마음이 상할까 싶어 결정을 미루는 경우가 있다. 그러나 이같은 행위는 결코 지혜로운 일이 못된다. 공연히 상대방에게 불필요한 기대감을 갖게 하기보다는 차라리 명쾌하게 거부해 버림으로써 그 제안에 더 이상 미련을 두지 않게 하는 것이 그를 위해서도 바람직한 일이다. 반대로 도움이 되는 발상이나 제안일 경우는 일단 긍정적으로 받아들여 신중히 검토를 해보는 것이 좋다. 일반적으로 회사 내에서는 가끔 중요한 정책회의가 열린다. 이같은 회의에서 우유부단, 무소신, 무능력, 눈치보기, 편파주의 등으로 중요한 안건이 엉뚱한 방향으로 흘러가는 일이 있다. 이런 일은 참으로 위험한 일이다. 적어도 정책을 결정하는 회의라면 참석자의 소신 있는 발언과 그 발언에 대한 과학적이며 합리적인 검증이 격렬한 논쟁을 통해서 가려져야 하며 그런 다음에 일치된 결론이 내려져야 하는 것이다.

　대체적으로 의사결정에 앞서 참석자들은 다음과 같은 점에

유의해야 한다.

(1) 우선 의사결정에 필요한 정보를 수집하는 일이다. 그리고 그 정보 중에서 신뢰할 수 있는 정보를 분석, 취합하여 상황판단을 정확히 내려야 한다.

(2) 다음으로는 논리적 사고에 의해 체계적으로 정리해야 한다. 현장, 업무, 인력, 효율 등에서 그 어떠한 문제점이 없는가를 검색해 본다. 그리고 문제점이 있으면 그것이 어떤 성질의 것인지를 찾아내어 해결책을 강구해야 한다. 어디까지나 원리, 원칙에 입각하여 계량적으로 시안(試案)을 마련하되 실시상의 난이도(難易度), 부작용, 역효과까지도 예상하여 이에 대한 대비책을 마련해 두는 것이 좋다.

(3) 마지막으로 목표달성의 가능성, 실천의 가능성, 경제적인 효과 등도 전망해 두되 그 원인과 이유가 무엇인지를 알아두는 것이 좋다.

여기에서 관리자에게 당부해 둘 것은 상사의 뜻이라고 해서 무조건 영합하려는 「만장일치」의 결정에는 뜻밖에도 무서운 함정이 도사리고 있다는 것을 명심해야 한다. 중국 고대의 사상가 묵자(墨子)는 「낚시꾼이 공손한 것은 고기에게 먹이를 주기 위해서가 아니다」라고 말했다. 아마도 딴 속셈을 두고 하는 말일께다.

♣ I' m not one to waste energy and time having arguments.
「나에게는 말다툼할 정력도 시간도 없다」
—리차드·브란슨(영국의 버진그룹 회장)

81 어리석은 승부욕

성공에 강한 집착을 갖는 경영자일수록 고집이 세고, 남들과의 힘겨루기에서도 지기를 싫어한다. 그래서 무리를 하여 이기려다가 그것이 뜻대로 되지 않으면 갑자기 폭군으로 돌변하는 일까지 있다. 그러나 지혜로운 경영자는 결코 무모한 힘겨루기나 어리석은 승부욕에 사로잡히지 않는다.

시라쿠사의 참주(僭主) 디오니시오스 2세는, 보좌역인 숙부 디온을 시켜 당대의 유명한 철학자 플라톤을 초청하여 학문에 대한 힘겨루기를 시도했다. 디오니시오스 2세는 평소 학예(學藝)에 관심이 있기는 했지만 그의 어리석은 자만심은 마침내 이런 일까지 저지르고 말았다. 그러나 상대는 그리스의 막강한 철학자이다. 학문에 있어서는 그 누구도 당해낼 자가 없다. 그와 같은 거물급 학자와 학문을 겨룬다는 발상 자체가 망발에 가깝다.

논쟁에서 참패한 디오니시오스 2세는 이때부터 자포자기와 열등감의 폭군으로 변하여 정치까지도 망쳐 놓았다. 얼마 후 디온의 반역으로 군주의 자리에서 쫓겨난 그는 코린토스에서 죽음을 맞이했다.

무모한 경쟁은 줄타기와도 흡사하다. 곡예에 능하지 못하면 십중팔구 줄 위에서 떨어지기 마련이다. 비즈니스의 힘겨루기는 진검승부의 실력 대 실력의 싸움이다. 실력이 부치는데도 싸움을 계속한다면 결과는 불을 보듯 뻔하다. 승산이 없는 싸움은 한시라도 빨리 손을 떼는 것이 상책이다.

현대의 비즈니스전은 종합전의 양상을 띄고 있다. 한 분야에서만 월등히 우세하다고 해서 상대방을 이길 수는 없다. 모든 면에서 전력(戰力)이 상대를 압도해야만 한다. 한편 약자와의 싸움에서도 최선을 다해야 한다. 상대가 약자라고 해서 깔보았다간 큰코다친다. 이런 비유의 말이 있지 않는가 「고양이가 쥐를 잡을 때에도 최선을 다한다」고.

승부에서 이기려면 겸허한 자세를 가지고 개혁을 이루어내지 않으면 안 된다. 경영환경이 크게 달라진 오늘날 국부적인 개선이나 개량만으로는 미흡하다. 대담한 혁신과 근본적인 이노베이션이 필요하다. 종래까지는 프로세스 이노베이션을 중심으로 개선이 이루어졌다. 즉 기초적인 기술이 해외로부터 도입되고 부분적인 공정에 개선이 이루어진 것이다. 그 전형적인 예가 반도체, 자동차, 가전제품 등에서 볼 수 있다. 우리 기업들이 무모한 승부욕에 사로잡히지 말고 「생산방식, 생산공정, 판매방식」에서 개혁을 이루어 내는 것이 국제경쟁력에서 이길 수 있는 방법이다.

♣ It is impossible to defeat an ignorant man in argument.
「무지의 인간을 논쟁으로 지게 만드는 것은 불가능한 일이다」
―윌리엄·G·맥카도(미국 철도회사 중역)

82 문제해결의 과정

　서구의 관리자들은 객관적·논리적 사고에 의해 여러사람의 뜻을 결집하여 문제에 대응하는 데 반해 우리나라의 경우는 직관적·주관적 사고에 의해 일을 처리하는 경향이 있다. 현장업무의 경우도 그렇다. 가령 어떠한 문제가 발생하면 그것을 중지(衆智)에 의해 해결방안을 모색하지 않고 상사가 일방적으로 「내게 맡겨줘! 내가 알아서 할테니까……」라든가 「여러 소리 하지마! 내가 시키는 대로 하면 돼!」라는 식의 독단적인 행동을 취하는 일이 있다. 그러나 상사의 이러한 행동에 대해 부하들은 아무런 대꾸도 하지 못하고 순순히 복종하고 따르는 것이 지금까지의 일반화된 관행이다.

　그러나 곰곰이 생각해 보면 참으로 어처구니없는 일이다. 그 어떠한 일이든 문제해결에 관계된 사람이라면 문제를 푸는 데 관심이 없을 수 없다. 그럼에도 불구하고 「내게 맡겨줘!」라는 식으로 그 문제를 도맡는 상사의 독단성은 아무리 생각해도 이해가 되지 않는다.

　상사의 이같은 행위를 「독단적·암산적 사고」라고 말한다. 그러나 그가 머리 속에서 계획하고 생각하는 일을 부하나 제삼자가 어찌 알 수 있단 말인가. 이런 상사의 생각은 아주 잘못된 것이라고 하겠다. 문제를 지혜롭게 푸는 방법은 여러 가지의 요인들을 객관적으로 파헤치고, 논리적으로 차근차근 검토해 보는 일이다. 그것은 다음의 4가지 문제분석에 의해 가능하다고 하겠다.

첫째는 상황분석(what)이다. 어떠한 일이 일어나고 있는가, 어떠한 행동을 취해야 하는가, 무엇부터 먼저 손을 대야 하는가

둘째는 문제분석(why)이다. 구체적으로 무엇이, 언제, 어디에서 어느 정도 발생하고 있는가, 가장 어려운 문제의 특징이 무엇인가, 문제발생의 원인은 무엇인가

셋째는 결정분석(how)이다. 문제해결을 위해 무엇을 결정할 것인가, 그것을 결정하는 이유는 무엇 때문인가, 그것 이외에 다른 대안은 없는가, 결정으로 인한 부작용의 염려는 없는가

넷째는 잠재된 문제분석(if)이다. 무엇을 언제까지 어떻게 해결할 것인가, 만일 저해요인이 있다면 그것은 무엇인가, 그같은 저해요인을 어떻게 제거할 것인가, 이 모든 계획을 누가 관리하며 추진할 것인가 등등이다.

이상과 같은 문제분석에 대한 해답을 얻지 못하면 진정한 문제해결은 어려울 것이다.

♣ A distinction must be drawn between presenting arguments in a positive manner and being argumentative.
「적극적인 토론의 전개와 논쟁을 즐기는 태도 사이에는 명확한 경계선을 긋지 않으면 안 된다」
—모리스·S·트롯터(뉴욕대학 교수)

83 관용의 위력

　지금처럼 여건과 환경이 어려울 때일수록 조직내부의 분위기는 더없이 훈훈하고 따뜻해야 한다. 경기가 침체되고 매출이 시원치 않는데다가 조직의 분위기마저 얼어붙으면 그 기업의 체감온도는 훨씬 더 떨어질 수밖에 없다.

　그런데 따뜻한 분위기를 만들어 내는 주인공은 바로 관리자들이다. 종업원들은 아침에 출근하면 우선 상사의 얼굴빛부터 살핀다. 그날의 일기예보가 상사의 얼굴에 쓰여져 있기 때문이다.

　우리 주변에는 그토록 많은 일터가 있지만 관리자의 리더십은 낙제점수이다. 그러나 하나의 공통점만은 분명하다. 그것은 관리자의 인품에 따라 직장의 분위기가 달라진다는 점이다. 「이 녀석은 틀려 먹었어!」, 「쓸모가 없어!」, 「구제불능이야!」 이렇듯 부하를 백안시 해 버리면 그 부하는 반드시 일을 저지르고 만다. 반대로 그같은 부하라도 관용을 베풀고 칭찬을 해 주면 조직의 분위기는 의욕으로 충만해질 것이다. 부하를 용서해 주고 이해해 주는 상사는 틀림없이 조직에 활기를 넣어준다.

　모파상의 단편소설 가운데 「끈」이라는 작품이 있다. 그 이야기의 줄거리는 이렇다. 어느 날 한 농부가 사람들이 붐비는 시장길을 지나가다가 길바닥에 떨어져 있는 한 가닥의 끈을 발견했다. 그는 버려두기가 아까워 그 끈을 주워 주머니에 넣고 가던 길을 재촉했다. 그런데 다음날 아침 난데없이 순경이 찾아와 「너는 어저께 시장바닥에서 돈지갑을 주운 일이 있지! 네가 허리를 굽혀 그 지갑을 줍는 것을 본 사람이 있어!」라고 말하면서 그를 파출소로 끌고 갔다. 농부는 기가 막혀 「저는 돈지갑을 주운 것이 아니라 끈을 주웠습니다.」하고 변명했지만 그 말이 통하지 않고 감옥에 갇히고 말았다. 며칠 후 돈지갑을 주운 사람이 나타나고 농부의 혐의는 풀렸다. 그러나 그는 쌓였던 분노와 울분을 삭이지 못하고 동네 이사람, 저사람을 찾아다니며 당국의 부당한 처사를 매도하며 자신의 불운을 탓했다. 끝내 남의 실수와 잘못을 용서해 주지 않은 농부는 모든 사람들로부터 따돌림을 당하고 그를 가까이하는 것조차 꺼려했다. 그토록 근면하고 성실했던 이 농부는 일손을 놓고 술로 시간을 보내다가 마침내 알코올 중독자가 되어 비참하게 죽어갔다.

이 소설이 담고 있는 교훈은 남을 용서해 주라는 것이다. 부하의 결함과 잘못을 덮어주고 관용과 사랑으로 대하는 상사는 우리 주변에 그리 흔치 않다.

# 84 복수의 기능을 가진 사람

　미국의 윌리엄 하우즈는 그가 저술한 「클러스터 스페셜리스트」라는 책에서 주장한 이론이 있다. 그것은 「자신이 좋아하는 분야의 일에 대해서는 눈을 감고도 능란하게 다룰 줄 알아야 하며 그밖의 다른 분야의 일도 한두 가지쯤은 거의 완벽하게 다룰 줄 알아야 한다. 뿐만 아니라 전혀 생소한 분야의 일까지도 공부를 해 가며 숙달되도록 노력해야 한다」는 것이다. 클러스터(cluster)란 어떤 단위가 여러 개 모여 하나의 단위가 되도록 차례로 만들어져 나가는 것인데 예를 든다면 포도송이와 같은 상태를 의미한다. 즉 이 시대는 1인 3역, 1인 4역의 복합인간을 원한다는 이론이다. 지난 날 미국에서는 제2차 오일쇼크의 와중에서 각 기업들이 대량해고를 단행했다. 이 때 제일 먼저 목이 잘려나간 계층이 제너럴리스트, 다시 말해 전문직업능력을 갖지 못한 관리직이었다. 그 다음의 대상이 단일 전문직이다. 비록 한 가지 일에 뛰어났다고 해도 업무 자체가 세분화되어진 오늘날, 관련 업무에 대한 응용능력을 갖고 있지 못한 멍청이 전문직 인간은 살아남을 수 없다는 것이다. 이같은 현상은 기업구조 조정으로 대량해고 사태가 빚어지고 있는 우리나라의 경우도 결코 예외일 수 없다.
　앞으로는 넓고 깊게 다능화를 도모하여 혼자서 몇 가지 일을 능숙하게 다룰 줄 아는 전문직 인간만이 이 사회에서 발붙일 수 있다.

　지금까지 우리 기업들은 종신고용과 연공서열의 화려한 성 (城)을 구축해 놓고 일류대학 출신의 엘리트만을 경쟁적으로 영입해 왔으나 결국 이들은 미증유의 큰 불황을 맞아 거의 쓸모가 없는 나약한 제너럴리스트로 전락되고 말았다. 이제 모든 기업들은 클러스터적인 전문 직제를 마련하고 1인 다기능화를 도모하는 과제를 풀어 나가야 할 것이다. 이를 위해서는 신입사원이 취업하면 일정기간을 「업무의 기초학습기간」으로 설정하여 조직매너, 업무절차, 업무시스템, 복수부서에서의 경험 등을 갖게 한 다음 그 후 약 7~8년 동안 「전문직」으로서의 직업능력을 몸에 지니게 하는 것이다. 그리고 나서, 향후 10년 동안은 「클러스터적 전문직」으로서의 다기능을 갖게 하여 복수의 업무를 능숙하게 다루는 전문지식 및 능력을 함양시켜 「영역(領域) 전문직」의 직무를 맡기는 것이다. 좀더 구체적으로 말한다면 본사의 전문직, 본사의 관리직, 분사(分社)의 전문직, 분사의 경영자 또는 관리자로 발탁 기용한다는 것이다.

♣ One of management's most important functions is to train people for their jobs.
「경영진의 최대의 역할 중 하나는 사원 한사람 한사람이 일을 할 수 있도록 훈련시키는 일이다」
—필립 · W · 메츠거(컴퓨터 애널리스트)

85 낡은 사고의 청산

　관리자 중에는 검증되지 않은 새로운 일보다는 차라리 현상을 그대로 유지하는 것이 더없이 안전하다고 생각하는 무사안일의 사람이 많다. 그래서 이들은 지금까지 전통적으로 지속되어 온 전례를 금과옥조(金科玉條)처럼 여기고 경영의 안전운행에만 급급한 실정이다. 뿐만 아니라 낡은 제도나 관습, 규칙, 규제 등에 대해 아무런 문제의 제기도 없이 무조건 맹종의 미덕(?)을 보여온 것이다.

　이같은 관리자는 점차 발상력이 감퇴되고 새로운 것에 대해서는 거의 본능적으로 몸을 움추린다.

　프랑스 샹젤리제의 한 향수업자는 말하기를 보통사람의 경우는 약 30여 종류의 냄새밖에 가려내지 못하지만 향수 전문가의 경우는 약 500여 종류의 냄새까지도 분간해 낼 수가 있다고 한다. 그 진위의 옳고 그름은 그만두고라도 인간은 어느 한 가지 일에 집중력을 가지고 몰두하면 상상할 수 없는 영역까지도 이르게 된다는 것이다. 또 하나의 예를 들어보자.

　인간의 뇌에 관해서는 여러 연구결과가 나와 있지만 대체적으로 140억만개의 뇌세포로 이루어져 있다고 한다. 그런데 놀라운 사실은 이 뇌세포 하나하나가 컴퓨터의 정밀성보다 더 뛰어나 있다는 것이다. 인간은 이같이 우수한 뇌의 기능을 살려 놀랍고도 무한한 발상을 꽃피우는 것이다.

　어떠한 조사에 의하면 인간이 평생토록 사용하는 뇌의 사용량은 보통사람의 경우 불과 7%에 지나지 않으며, 우수한 사람이라도 10%를 넘어서지 못한다고 한다.

　여기에서 우리 관리자들이 명심해야 할 것은 인간의 뇌는 사용하지 않고 그대로 방치해 두면 자신도 모르는 사이에 노화현상을 일으킨다는 것이다. 우리는 너무도 오랜 세월 뇌를 사용하는 데 인색해 왔다. 진정 노화를 방지하고 뇌 속에 감추어진 무한한 가능성을 이끌어내기 위해서는 모든 관리자가 적극적으로 뇌를 개발해야 하는 것이다.

　「썩은 달걀은 그 껍질이 깨어질 때 비로소 악취를 발산한다」는 러시아의 격언이 있다. 시대에 뒤떨어지고 역행하는 낡은 제도, 병든 체질 속에서 살아가는 동안은 그 실체와 썩은 냄새를 전혀 의식하지 못한다. 그러나 그 껍질이 외부의 힘에 의해서든, 내부의 힘에 의해서든 깨어져 나갈 때 비로소 신선한 세계의 존재를 깨닫게 된다. 그것은 참으로 값진 생명력의 출산을 알리는 신호이기도 하다.

♣ A little rebellion now and then is a good thing.
「가끔 작은 반란이 발생하는 것은 참으로 바람직한 일이다」

―토머스 · 제퍼슨(미국 제3대 대통령)

86 조직을 침몰시키는 익명감

프랑스의 링게르망의 「줄다리기의 실험」에 의하면, 줄을 잡아당길 때 쏟아 붓는 힘의 강도(强度)는 한 사람일 때는 100%의 힘을 발휘하지만 두 사람일 때는 93%, 세 사람일 때는 85%, 여덟 사람일 때는 49%라고 한다. 즉 혼자서 줄을 잡아 당길 때에는 역가(力價)의 최고치를 나타내지만 참가하는 사람의 숫자가 늘어남에 따라 한 사람이 발휘하는 힘의 평균치는 상대적으로 떨어져 여덟 사람째에 이르러서는 약 절반 정도로 줄어든다는 것이다. 이같은 물리현상을 「링게르망 효과」라고 부른다.

그렇다면 왜 이같은 모순이 발생하는 것일까? 그것은 「내가 하지 않아도 그 누군가가 할 것이다」라는 의타심 때문이다. 이같은 사고의 근본원인은 다수의 그늘 속에 숨어 자신의 에너지 손실을 아끼려는 이기주의적 생각, 다시 말해서 익명의식(匿名意識)에 사로잡힌 탓이다.

요컨대 관리자들은 집단행동을 꾀할 때 특히 이 링게르망 효과에 각별히 유의하여 부하 가운데 익명감으로 책임회피나 에너지의 누수현상이 발생하지 않도록 지도와 감독을 철저히 해야 한다.

일반적으로 조직이 다중화되거나 비대화되면 자연히 통제

나 규제가 강화되기 마련이고, 이 때문에 절차나 격식에 치우치는 경향이 많다. 이렇게 되면 부하의 개성이나 독창성이 약화되는 경영형태가 되기 쉽다. 거기에다 오늘처럼 조직의 구조적인 개혁과 효율화가 맞물리면 극단적으로 인간성 부재현상까지 나타날 수 있다. 특히 업무가 세분화·전문화·기계화되면 개인의 적성이나 능력이 제대로 발휘되지 못한다. 이같은 상태가 계속되면 부하의 익명감은 자연발생적으로 고개를 처든다. 그러므로 관리자가 해야 할 것은 부하의 익명감이나 고립감을 해소시켜 주는 일이다. 그렇게 하려면 첫째, 부하가 맡고 있는 일의 중요성을 그들에게 충분히 인식시켜 주어야 한다. 조직의 성과는 구성원의 유대와 협력에 의해 이루어지는 것이다. 둘째, 책임 있는 일을 맡기는 것이다. 부하를 신뢰하고 권한과 책임을 대폭 넘겨 주어 자기완결형으로 처리하도록 하는 것이다. 셋째, 결과를 긍정적으로 인정해 주는 것이다. 잘했을 경우는 칭찬을 해주고 그 공적을 승진이나 승급으로 연계시켜 보상해 주는 것이다.

결론적으로 조직사회에서 현실도피나 익명감에 매몰되는 것은 스스로 자기자신을 무시하거나 거부하는 일이 되는 것이다.

♣ The harder you work, the luckier you get.
「분발하면 분발할수록 행운은 찾아온다」
—게리·플레이어(미국의 골퍼)

# 정보를 찾아 나서라!

미국의 중앙정보국(CIA) 국장을 지낸 윌리엄 콜비는 지난 날 이런 말을 했다. 「여기저기에 널려 있는 정보를 한 곳에 모아놓고 그것을 유심히 들여다 보면 거기에서 상대의 얼굴을 발견할 수 있다」고.

오늘의 사회는 대중정보화 시대이다. 매일 같이 엄청난 정보가 TV, 라디오, 인터넷, 신문, 잡지, 통신, 사람의 전언 등을 통해 입수된다. 이 가운데에는 정보제공자의 주관이나 억측, 이해관계가 작용하여 정보가 과장되거나 분식화(扮飾化)된 것도 없지 않아 있다. 어쨌든 이 많은 정보 중에서 자기가 원하는 정보만을 골라 그것을 집중적으로 분석해 보면 하나의 정리된 실체가 어렴풋이나마 눈 앞에 떠오르게 된다. 그러나 제아무리 필요한 정보를 많이 축적해 두었다 해도 그것을 활용하지 않으면 경영이나 전략에 아무런 도움도 주지 못한다.

데이터(정보)나 인텔리전스(정보)는 똑같은 정보라 하지만 성질상 확연히 구분된다. 데이터는 정보 그 자체에 지나지 않지만 인텔리전스(intelligence)는 지식, 지성, 정보 등을 망라한 기능이 있다. 즉 수많은 데이터 중에서 정보가치를 읽어내고 그것을 선택, 가공, 활용할 수 있다는 것이다. 그러므로 기업 경영에 도움이 되는 인텔리전스적인 정보를 많이 흡수하는 것이 경영자의 지혜라고 하겠다. 무릇 정보를 수집할 때에는 다음과 같은 점에 유의하는 것이 좋다. 목적과 주제를 명확히 한 다음 수집한다. 가치가 있다고 판단되는 정보는 즉석에서 메모를 한다. 정보를 입수한 날짜와 입수한 곳(제공자)을 잊지 않고 기입한다. 비판이나 허구성 등 주관이 많이 개재된 정보는 버린다. 가급적 현장, 현물, 현실을 바탕으로 한 정보를 수집한다. 신선도가 높은 정보에 치중한다. 진부한 재료가 되지 않도록 입수한 정보를 신속히 활용한다.

입수한 정보를 보관, 관리하는 데에도 신경을 써야 한다. 어느 아이디어 뱅크가 조사한 바에 의하면 비즈니스맨들이 정보를 보관 사용하는 데 있어서 여러 형태가 있음을 밝히고 있다. 순위별로는 다음과 같다. 스크랩 45%, 파일 26%, 메모 22%, 기사화된 것을 가위로 잘라 보관해 둔 것 19%, 노트에 기록된 것 17%, 카드화된 것 1% 순이다.

작고 미미한 정보라도 소홀히 다루어서는 안 된다. 남들이 하찮게 여기는 정보 속에서 놀라운 대어를 낚아내기도 한다.

♣ Information gathering is the basis of all other managerial work, which is why I choose to spend so much of my day doing it.
「정보의 수집은 모든 경영기술의 기본이다. 그러므로 나는 하루의 대부분을 이를 위해 소비하려 한다」
—엔드로·S·그로브(인텔 최고 경영자)

# 88 뿌리 뽑혀야 할 이중성

　인간의 성격이나 심리는 동전의 양면처럼 외면과 내면이
서로 대립되는 경우가 많다. 예를 들어 부하의 경우를 생각
해 보자. 호인형은 다루기가 쉽지만 반면 신뢰도가 떨어지는
경향이 있다. 또한 개성이 강한 사람은 겉모습이 차겁게 느
껴지지만 비교적 뜨거운 책임감을 지니고 있다. 이밖에 고지
식한 사람은 융통성이 없고, 소심한 사람은 남에게 베푸는 일
이 없어 한마디로 짜다는 평을 듣는다.

　이같은 논리대로라면 인간은 장점과 단점의 모순관계를 함
께 지니고 살아가는 동물이라고 할 수 있다. 인간의 이중성
은 기업의 경영자라 해서 다를 바가 없다. 겉으로는 사회의
공익을 표방하면서도 속으로는 악덕을 꾀하는 사람이 더러
있기 때문이다. 우리들은 이같은 인간군상을 이중인격자 또는
위선자라고 말한다. 이중인격이란 동일인에게서 다른 두 가지
혹은 그 이상의 인격이 교대로 나타나 서로 독립된 활동을
하는 현상을 두고 하는 말이다. 그런데 아이러니 하게도 이
두 개의 인격은 서로 다른 인격이 하는 일을 기억하지 못한
다는 것이다. 영국의 작가 스티븐슨이 지은 「지킬 박사와 하
이드씨」라는 소설이 그 좋은 예에 속한다. 그러나 다른 인격
이 하는 행위를 전혀 알지 못한다는 것은 몽유병환자가 아닌

이상 터무니없는 궤변이다. 오늘의 불황에서 헤어나려면 우선 기업자의 이중성이 뿌리 뽑혀야 한다. 고객의 이익과 만족을 표방하면서도 실제의 행위가 거짓과 부도덕으로 꾸며 진다면 그것은 속임수 상술(商術)에 지나지 않는다. 신의와 정직은 기업의 생명과 다를 바 없다. 고객이 기업에 대해 신의와 정직을 주문하지 않더라도 기업 스스로가 목숨처럼 소중히 지켜야 할 덕목이다. 기업이 이같은 윤리감이나 도덕감을 저버리면 스스로 자신의 무덤을 파는 결과가 된다.

장사는 철두철미 소비의 주체가 되는 「고객」을 대상으로 이루어진다. 그러한 고객을 배신하고도 장사가 잘될 것이라고 생각하는 장사꾼이 있다면 그것은 산에서 고기를 낚으려는 발상과 조금도 다름이 없다.

우리나라 속담에 「겉 다르고 속 다르다」는 말이 있다. 물론 이 말 속에는 인간의 이중성을 경계하라는 뜻이 담겨져 있다. 그러나 오늘에 와서는 이 글귀가 도리어 처세의 한 수단으로 쓰여지고 있다. 요컨대 이 시대의 모든 기업인들은 「겉볼 안이라」는 반어적(反語的) 속담을 꼭 받아들여야 한다. 겉을 보면 속까지도 알 수 있다는 표리부동의 투명성을 고객들에게 보여줄 때 그들은 비로소 신뢰감을 표시하게 될 것이다.

♣ Good fences make good neighbors.
「좋은 울타리는 좋은 이웃을 만든다」
—로버트·프로스트(미국의 시인)

# 89 유익한 노동은 즐겁다

러시아의 작가 도스토예프스키의 작품 중 「죽음의 집의 기록」이 있다. 거기에는 유형수(流刑囚)의 실상이 적나라하게 묘사되어 있는데 이 작품은 도스토예프스키 자신의 체험을 바탕으로 쓰여진 소설이다. 이 소설에는 수형생활을 하는 죄수들의 삶의 모습과 생활상이 극명하게 그려져 있다.

죄수들은 강제노동으로 연일 혹사 당하고 있다. 이 고된 노역은 당국이 의도적으로 죄수에게 고통을 주기 위해 만들어진 작업이다. 그래서 이들의 노동은 무익하고 무의미했다. 때로는 땔감을 마련하기 위해 죄수들은 낡은 배를 부수어야만 했다. 그러나 이 지방에는 주체하지 못할 정도로 땔감이 많았다. 죄수들은 이같은 사실을 너무도 잘 알고 있었다. 아무 보람도 없이 일하는 이들은 나태하고, 음울하고, 비능률적이며 서툴렀다. 하지만 똑같은 일이라도 뚜렷한 목표와 보람이 있다면 이들의 작업태도는 확 달라졌을 것이다. 예를 들어 이들이 길에 쌓인 눈을 치우는 제설작업에 동원되었다면 그들은 길을 오가는 행인들에게 도움을 주는 일이라고 생각하여 활기차게 열심히 일을 했을 것이다. 그렇다고 해서 형량(刑量)이 가벼워지는 것도 아니고 특별한 반대급부를 받는 것도 아닌데 말이다.

일하는 사람에게 근로의욕을 갖게 하는 동기는 반드시 금전적인 노동의 대가만이 아니다. 가치 있는 노동일 경우 그것이 비록 힘들고 어렵더라도 그 일을 통해 마음의 즐거움과 기쁨을 누릴 수 있다. 그렇다면 노동의 참다운 가치는 물질보다는 마음이라고 할 수 있다.

일반적으로 일을 시키는 사람의 입장에서는 일의 대가를 규정할 때 급여나 상여금을 머리에 떠올린다. 그러나 노동의 대가는 반드시 금전적인 것만은 아니다. 이를테면 놀이나 즐거움도 일종의 보수이며, 자신이 행한 일을 통해 남들이 기뻐하며 즐거워 하는 것도 하나의 보수가 될 수 있다. 그러나 불행하게도 많은 기업인들은 이 점에 대해 둔감하다.

가끔 우리 주변의 기업 중에는 노동조건이나 임금문제로 노사간에 갈등을 빚는 일이 있다. 그런데 명심해 둘 것은, 기업주나 노동자들이 돈으로 노동시장을 장악하려 한다면 그것은 외통수에 지나지 않는다는 사실을 알아야 한다. 돈 말고도 얼마든지 비켜나갈 길이 있는데도 말이다. 그 길을 찾아 서로 머리를 맞대고 지혜를 짜내야 공존의 장(일터)에서 살아남을 수 있다.

♣ The greater the rate of company expansion, the easier it is
　 to find valuable new jobs for people.
「회사의 확장률이 크면 클수록 사원들은 보람 있는 새로운 일을 발견하기가 쉽다」

—에드·비소프(BTG 창설자)

# 승패를 가름하는 서비스 혁명

근래의 현상으로서 무엇을 하면 돈을 벌 수 있을까와, 무엇을 해도 돈이 벌리지 않는다는 「돈을 버는 것」과 「돈이 벌리지 않는다」는 두 개의 사고가 극명하게 대립되고 있다.

예를 들어 금융기관이나 메이커나 돈을 벌지 못하는 기업을 눈여겨 보면 거의 모두가 비슷한 경영방식을 답습하고 있는데다가 똑같은 제품을 만들어 내고 있다. 자동차나 가전제품의 경우도 마찬가지다. 남이 만드는 것을 자신도 만들고, 자신이 만든 것을 남도 만드는 정도라면 절대로 돈을 벌 수 없다. 이것은 우리나라 뿐만이 아니라 미국이나 유럽의 경우도 마찬가지다.

요컨대 이같은 여건하에서 돈을 벌려면 다른 회사와 차별화된 정책을 쓰지 않으면 안 된다. 만일 그것도 불가능하면 현재의 가격을 그대로 유지하되 코스트를 대폭 낮추는 길밖에 없다. 그러나 코스트를 크게 낮춘다는 것은 상식적으로 매우 힘들다. 그럴 바에는 차라리 가격을 높여 경쟁을 하는 것이 낫다. 그것은 코스트를 자극하지 않고 채산을 맞추는 획기적인「서비스의 개혁」을 뜻한다.

예를 들어 잘 팔리는 승용차는 대체로 에누리가 없다. 외국의 경우 성능이 좋고 디자인이나 서비스가 탁월한 승용차는 프리미엄까지 붙어서 팔려 나가는 것이 보통이다. 이제 코스트로 경쟁한다는 것은 기업에겐 무거운 짐이 되고 있다. 코스트를 더 이상 줄이면 경영이나 제품 체질에 위험부담이 크다. 다시 말하지만 가격의 차별화가 코스트를 줄이는 것보다 더 쉽다는 것이다. 그러나 가격의 차별화가 곤란한 고도의 기술제품도 있다. 그 중의 하나가 컬러TV를 들 수 있다.

우리나라에서는 여러 메이커에서 TV를 생산하고 있다. 성능면에서, 가격면에서 거의 모두가 비슷하다. 이밖에도 고도의 기술제품이면서도 다른 것과 차별화가 곤란한 것들이 있는데 설탕, 시멘트 따위이다. 이것들은 말이 제품이지 거의 소재의 구실을 면치 못하고 있다. 소재상품은 생산량이 넘쳐나도 시장경기가 좋으면 가격이 급등하기도 하며 반대로 시장경기가 나쁘면 바닥을 모르고 추락한다. 즉 시장여건에 따라 가격변동이 심하다는 것이다. 그런데 엔지니어드 커마더티(engineered commodity) 라고 일컬어지는 매우 고도의 기술제품들은 값이 오르는 상황에서도 그다지 오르지 않는다. 그렇다면 서비스 혁명은 불황기엔 더더욱 값진 것이라고 하겠다.

# 지녀야 할 문제의식

　의심이 많은 사람은 경영자로서의 자격이 없다고 말하는 사람이 있다. 그러나 의심을 가지고 현장을 일일이 확인하러 다니는 조사담당자가 있었기에 사업에 성공한 케이스도 있다는 사실을 알아야 한다.

　모든 일에 의심을 갖는다는 것은 얼른 생각하기에 일종의 피해망상증에 걸렸다고 웃어넘길지 몰라도 그 의심이 도움이 될 때도 있다는 것이다.

　예를 들어 경리감사의 경우를 생각해 보자. 검사업무의 베테랑급이라고 소문난 귀재들은 전표에 기재된 숫자를 액면 그대로 믿으려는 사람은 거의 없다. 경리부서의 실무 책임자들이 꼼꼼히 체크하여 완결처리한 전표뭉치 속에서 문제가 있는 전표를 쪽집게처럼 찾아낸다. 무슨 신통력이 있기에 몇 사람이 그대로 지나쳐 버린 오류를 적발해 낸다는 말일까? 그것은 바로 회의적인 시각으로 사물을 바라보는 문제의식 때문이다. 이들은 처음부터 전표에는 반드시 착오가 있을 것이라는 확신을 가지고 감사에 착수한다.

　일반적으로 우리의 검사 태도는 어떠한가? 전표에 적힌 숫자를 검산도 해 보지 않고 그것이 맞을 것이라고 지레짐작해 버린다. 벌써 여기서부터 사달의 실마리가 시작된다. 비단 전표만이 아니다. 신상품이나 시제품의 경우도 그렇다. 모든 직원들이 새로 만들어진 상품에 대한 흥분과 감동으로 제품의 구조적 결함이나 성능이 좀처럼 눈에 잡히지 않는다. 특히 시제품의 경우는 반드시 결함이 있게 마련인데도 말이다. 그러나 의심이 많은 전문가나 기술자의 눈은 속이지 못한다. 이들은 추상적이며, 관념적인 시각이 아니라 구체적이며 정밀한 시각으로 문제점에 접근한다. 결국 이들은 겉으로 들어나지 않은 결함을 하나하나 들추어 내어 완벽한 제품으로 바꾸어 놓는다.

그런데 경영자나 관리자가 꼭 알아두어야 할 일이 있다. 그것은 대부분의 사원들이 의구심을 가지고 늘 비판만을 일삼는 동료들을 싫어하며 시기한다는 것이다. 물론 당치도 않은 비판이나 왜곡된 편견은 적절한 충고가 필요하지만 반대로 정당한 지적이나 제언은 그것이 마땅히 보호되어야 할 책임이 있다. 항상 건설적인 문제의식으로 무장된 기업은 무한히 발전할 가능성이 있다. 문제의식과 위기의식은 동일한 맥락에서 해석되어야 한다. 왜냐하면 문제점을 적당히 묻어두고 얼버무리는 기업에는 곧바로 위기가 닥쳐오기 때문이다.

♣ A problem that is located and identified is already half soived!
「문제를 밝혀내어 그것을 이해했다면 절반 정도를 해결한 거나 다름이 없다」
—부로어·R·칼슨(인터내셔널 미네러즈회사 경리부장)

92 당근과 채찍만이 제일인가?

사람을 마음 먹은 대로 움직이게 하려면 당근과 채찍을 적절히 병행해야 한다는 말이 있다. 이 두 가지 수단은 확실히 지렛대의 위력처럼 어떠한 인간이라도 손쉽게 무릎을 꿇게 만든다.

당근이란 금전을 비롯한 모든 물질적 보수를 의미한다. 말하자면 보너스, 장려금, 프리미엄, 이익분배, 상금, 특별승진이나 승급 등이다. 그러나 오늘의 사회는 대부분의 사람들이 경제적으로 궁핍한 생활을 하지 않고 있기 때문에 단지 물질적인 자극만으로는 사람을 쉽사리 움직이지 못한다. 거기에다 금전적인 보수의 속성은 그것에 익숙해지면 그 효험은 필연적으로 감소된다. 한편 채찍이란 권력을 앞세워 지배하는 것을 말한다. 즉 명령이나 지시에 따르지 않으면 차별, 감봉, 좌천, 해고 등의 조치를 취하여 억지로 복종하게 만드는 방법이다.

본시 인간은 타인으로부터 강제되거나 지배 당하는 것을 극도로 싫어한다. 설사 상대를 움직인다 해도, 제대로 능력을 발휘해 줄 리가 없다. 카네기는 「사람을 움직이게 하는 비결」이라는 저서에서 다음과 같이 말하고 있다. 「사람들은 자신의 욕구를 위해서는 물불을 가리지 않는다. 인간이 인간에게 강제로 움직일 것을 명령한다는 것은 참으로 어리석은 일이다.

요컨대 이들이 자발적으로 움직일 수 있도록 만들어야 한다」
고 강조했다. 즉 당근과 채찍만이 제일이 아니라 상대가 스
스로의 욕구충족을 위해 분발하도록 만들어야 한다는 것이다.
조직의 구성원이 집단목표를 효과적으로 달성하는 방법론에
대해 미국의 경제학자인 갈브레이드는 금전적 유인(誘因), 강
제, 공명, 적합 등 4가지 요소를 들고 있다. 이 가운데「공명」
은 개인목표보다는 집단목표가 우선한다고 판단했을 때 순순
히 집단행동에 합류한다는 것이다. 이같은 공명의 유인으로서
첫째, 개인의 욕구가 조직에 의해 충족될 때 둘째, 조직의 위
신이나 지명도가 높아졌을 때 셋째, 구성원 사이에 교류가 잘
이루어져 조직력이 강화되었을 때 공명감을 표시 한다는 것
이다.
　그리고「적합」이란, 조직목표와 개인목표의 합치를 뜻한다.
좀더 구체적으로 말한다면 첫째, 개성에 알맞는 일터 둘째,
적성에 맞는 직무 셋째, 일을 통한 자기욕구의 실현 넷째, 조
직을 통한 자기성장 등이다.

♣ If a man goes into business with only the idea of making
　　money, the chances are he won't.
「돈벌이만을 목표로 비즈니스를 시작했다면 우선 성공은
무리한 것이라 생각하라」
—조이스·C·홀(홀마크 카즈 창설자)

93 변화의 불연속성

오늘의 우리 기업이 직면한 문제의 특징은 여러 가지의 변화가 과거에 별로 경험한 일이 없는 이질적인 변화라는 점이다. 바꾸어서 말한다면 지금까지의 연장선상에 존재하지 않은 불연속의 변화라는 것이다.

하나의 비근한 예를 들어보자. 손목시계는 지난날 정밀기계기술의 정수를 모아 만들어졌다. 거기에다 시간의 정확도를 높이기 위해 기계가공의 한계치에 육박할 정도로 정밀성을 높였다. 그것도 모자라 더욱 정도(精度)를 높이려고 톱니바퀴 회전축의 마찰을 줄이고 내구성을 강화시킬 셈으로 축받이에 보석까지 사용했다. 이 때문에 몇 개의 보석을 사용했는가에 따라 시계의 정도를 가늠하는 지표로까지 삼았던 것이다.

그러던 중 어느 날 갑자기 쿼츠, 즉 수정시계가 출현하자 지금까지의 기계가공에 의한 정밀도와 시각표시의 정확도를 촉진시켰던 요건들이 하루아침에 무시되어 버렸다. 그러나 전통적으로 맥을 이어왔던 기계식에 미련을 버리지 못하고 계속 낡은 기술에 집착하던 스위스의 시계공업은 늦게나마 전자시계 대열에 합류하기는 했지만 결국 괴멸적인 타격을 입었다. 더욱이 디지털시계가 등장하자 시계의 디자인, 생산방식, 코스트 등에서 종래의 아날로그시계 방식과는 크게 달라

졌다. 따라서 시계시장의 셰어 및 판도에도 큰 변화가 일어
났다.

이같은 변화를 가리켜 불연속이라고 말하는 까닭은 지금까
지의 귀중한 노하우나 자산가치가 졸지에 무용지물이 되어버
린 탓이다. 예를 든다면 시계공업시대의 숙련공, 또는 카메라
등 내구소비제의 유통시장을 커버해 왔던 대리점들이 과거에
는 기업의 사업기반이 되어주었지만 변화의 바람이 세차게
일고 있는 오늘에 와서는 이같은 자산들이 도리어 기업구조
혁신의 발목을 잡고 늘어지는 경우가 생기게 되었다. 일부 사
업자 중에는 귀중한 자산이 무용지물이 되는 것이 아까워 낡
은 체제의 연명을 꾀하려고 안간힘을 쓰는 일도 있었다. 거
기에다 각 분야의 실무자들도 대다수가 변혁에 저항했던 것
이다. 그러나 기업경영자가 명심해야 할 것은 불연속적이며
혁명적인 변화에 기업이 늦게 대응했다가는 스위스 시계공업
의 말로를 자초할 수도 있다는 것이다. 경우에 따라서는 기
업의 존망 위기에까지도 몰리게 된다. 새로운 기술이나 구조
를 채택하고 싶지만 그것을 주저하는 까닭은 옛 체제에 대한
미련과 새로운 세계에 대한 두려움 때문이라고 하겠다.

# 94 고객중시의 재인식

최근 상점가의 변화 중 눈길을 끄는 변화라면 고객과의 유대가 무엇보다도 중요하다는 「고객중시의 재인식」일 것이다. 그 까닭은 경제의 성장기에는 새로운 고객의 개척이 무엇보다도 중요했지만 오늘처럼 경제가 어려운 시기에 접어들면 현재의 고객을 지키는 것이 더 더욱 중요하다고 하겠다.

그렇다면 왜 이같은 형상이 일어나는 것일까? 그것은 고객의 구매력이 왕성한 성장기에는 한 사람의 고객이라도 더 많이 확보하는 것이 매출의 시너지 효과를 즐길 수 있지만, 반대로 경제가 어렵거나 시장이 성숙해지면 고객의 구매력은 감퇴되고 고객의 이탈속도는 가속화하기 때문이다.

어쨌든 시장경기가 나빠지면 고작 상품이 팔려나간다 해도 그것은 낡은 것을 새것과 바꾸는 대사구입(代謝購入) 정도에 지나지 않으며, 꼭 사지 않으면 안될 필수품만으로 한정하는 탓이다. 그러나 퍼스널 컴퓨터처럼 갑자기 출현한 인기상품이라면 신규고객의 개척도 쉽지만 그렇지 않고서는 모든 상품이 대체(代替)라는 구매형태를 벗어나지 못한다. 따라서 상점경영자들은 자점이 확보한 고객을 최대한으로 잘 관리하여 이탈을 막는 동시에 계속 중복구매를 해 주도록 노력을 기울여야 하는 것이다.

여기에서 소비자의 구매동기를 생각해 보자. 내구소비재의 경우 그대로 내버려 두면 수요가 별로 발생하지 않는다. 예를 들어 자동차를 만드는 기업이 모두 문을 닫고 생산을 1년 동안 중단한다 해도 소비층은 끄떡도 하지 않는다. 설사 자동차가 고장이 나도 부품만 있으면 얼마든지 수리하여 사용할 수 있으며, 차를 새로 사고 싶으면 참으면 되는 것이다. 그런데도 자동차를 만드는 공장들이 왜 그토록 생산에 열을 올리는 것일까? 그것은 대다수의 고객들이 낡은 차에 싫증을 느끼고 새 차를 선호하기 때문이다. 승용차는 대체로 4년 정도만 타고 다니다가 신차로 교체하는 경향이 있다. 그런데 그것을 6년으로 늦춘다면 2년 동안은 대체수요가 발생하지 않는다는 논리가 성립된다. 반대로 대체시기를 3년으로 앞당긴다면 일시에 33%라는 수요가 증가한다. 즉 수요를 자극하여 고객의 구매의욕을 촉진시키는 것이 중요하다. 요컨대 신규고객에만 마음을 두지 말고 기존고객을 통한 중복판매에도 신경을 써야한다. 이런 뜻에서 릴레이션십 매니지먼트가 참으로 중요하다는 것을 새삼 강조해 두는 것이다.

♣ Whoever would change men must change the conditions of their lives.
「사람을 변화시키려고 생각한다면 그들의 생활환경부터 바꾸어 놓지 않으면 안 된다」
—데오돌·헬즐(오스트리아의 저널리스트)

95 인사부서의 혁신

　　기업이 변신한다는 것은 그 기업에서 일하는 사원 한사람 한사람의 사고나 행동스타일이 변화하는 것을 뜻한다. 일반적으로 조직이나 경영시스템 등 외형을 바꾸기는 쉽지만 그 기업에서 일하는 사람의 마음을 바꾸기란 여간 힘든 일이 아니다. 우선 사원들의 의식을 바꾸기 위해서는 커다란 에너지원이라고 할 발상의 전환과 세밀한 프로그램이 필요하다.

　　그럼에도 불구하고 경영자는 십년을 하루같이 「변신의 필요성」을 강조해 왔지만 정작 변신의 중핵이 되는 인사부문조차도 제대로 개혁하지 못하고 있다. 진정한 의미에서의 기업혁신을 지향하려면 무엇보다도 인사부문의 개혁부터 단행하는 것이 순서라고 하겠다. 이를 위해서는 인사부문의 역할을 근본적으로 재검토할 필요가 있다.

　　인사부문은 일반적으로 전략이나, 시장이나, 고객 등 외계와의 접점에서 비교적 먼 거리에 위치해 있다. 그리고 인사의 투명성을 위해 정해진 까다로운 제도는 한번 정해지면 장기간 지속되는 경향이 있다. 또한 운용면에 있어서도 「공정」이라는 부담 때문에 새로운 것에 대한 도전이 어려운 실정이다. 이같은 생리탓으로 인사부에서 하는 일이란 고작 사원에 대한 복리후생을 비롯하여 각 부서가 요구하는 증원 요청을 취합조정하는 한편, 사원을 채용하거나 신입사원을 교육시키는 일이 주된 업무가 되어지고   있다.

　요컨대 기업을 혁신시키기 위해서는 첫째, 인사부서를 「인적자원의 조달 및 개발을 통해 톱 매니지먼트에 기여하는 라인」으로 개혁할 필요가 있다. 그리고 이같은 책임의 달성 여부에 따라 인사담당자의 업적이 평가되어야 하며, 또한 개혁에 수반하여 사원들의 사고나 행동스타일이 여러 가지의 제도나 시행착오를 체험해 가는 과정에서 새롭게 확립되어가는 멘털리티(mentality)가 있어야 한다. 둘째, 어떻게 해야만 그같은 능동적인 능력을 인사부문에 정착시킬 수 있는가이다. 기본적으로 중요한 것은 인사부서가 현장과의 활발한 교류를 통해 사무적이며, 기계적인 인사행정을 지양하도록 감시해야 하는 것이다. 한마디로 영업의 생리를 모르는 인사행정은 일선의 사기를 꺾을 수도 있다. 그러므로 항상 영업출신자가 인사부의 요직을 맡도록 하여 외야 우선주의 인사정책을 추진해 나갈 때 막강한 기업으로 변신할 수 있다.

♣ By asking for the impossible we obtain the best possible.
「불가능한 것을 가능케 하려고 할 때 최대의 가능성을 얻게 된다」

―죠반니·B·니콜리니(이탈리아의 시인)

# 노라고 말할 수 있는 기교

미국의 심리학자 라테너는 부하의 제안을 받고 노(no)라고 거부할 때 다음의 두 가지 전제가 필요하다고 말한다. 그것은 첫째, 상대방의 이야기를 진지하게 경청해야 된다는 것과 둘째, 거부의 이유를 분명히 구체적으로 설명해 주라는 것이다.

그런데 대부분의 사람들은 이 두 가지 점을 거의 무시하거나 경시해 버리는 경향이 있다. 그렇다면 왜 그같은 행동을 취하는 것일까? 그것은 자신의 생각이 상대방의 생각보다 앞선다는 우월감 때문이다. 그래서 상대방의 이야기를 귀담아 들으려고 하지 않고 그의 제안을 무조건 과소평가해 버리는 것이다. 바로 이같은 오만이 커뮤니케이션의 장벽을 만드는 것이다. 그러나 여기에서 상대방의 입장에 서서 노라는 말을 그토록 쉽게 할 수 있는지를 곰곰이 생각해 볼 필요가 있다. 모처럼 부하가 머리를 짜내어 만든 구상을 한 번쯤 진지하게 검토해 보는 것이 바람직한 일이 아닐까. 그런데도 그것을 전적으로 무시해 버린다는 것은 도리에 어긋나는 일임에 틀림없다. 결국 이것이 계기가 되어 서로의 인간관계는 나빠지고 불신의 골은 깊어진다. 그래서 상사의 이야기에 번번이 반기(反旗)를 들며 비난을 일삼는다.

이같은 부하의 심리를 분석한 라테너는 노라고 말하기 전에 반드시 배려해야 할 것을 다음과 같이 당부하고 있다. 그것은 첫째 인내심을 가지고 상대방의 이야기를 처음부터 끝까지 다 들어야 하며 가급적 상대방으로 하여금 이야기하는 내용을 전부 털어놓게 해야 한다고 강조한다. 그렇게 하려면 우선 듣는 사람의 태도나 표정까지 달라져야 하며 때로는 맞장구를 치기도 하며 자주 질문도 해야 된다는 것이다.

두 번째로는 노의 이유와 그 원인을 상대방에게 충분히 납득이 가도록 이해시켜야 한다는 것이다. 그렇게 하려면 합리적이며 타당성 있는 논리적 전개가 상사에게 필요하며 이를 뒷받침하는 객관적인 데이터나 법적인 근거, 선례(先例) 등도 필요하다는 것이다.

또하나 중요한 것은 노라는 결정을 사전에 분명히 해 두는 것이 좋다는 것이다. 왜냐하면 이렇게 해 두지 않으면 공연히 상대방이 불필요한 기대감을 가질 우려가 있기 때문이다. 상대방이 싫어하는 노라는 단언(斷言)은 참으로 말하기가 거북하다. 그러나 분명히 선을 긋는 쾌도난마식 결단이 오히려 상대방을 위하는 일이라고 하겠다.

♣ When two men in business always agree, one of them is unnecessary.
「항상 의견이 일치하는 인간이 회사 내에 두 사람이 있다면 그 중 한 사람은 불필요한 존재이다」
—윌리엄·리그리·쥬니어(리그리회사 창설자)

97 월마트가 강한 이유

　강자의 기업이 잊어서는 안될 철학이 있다. 그것은 「강자는 영원하지 않다」는 진리이다. 그런데 세상은 참으로 역설적인 면이 많다. 스스로 강하다고 자만하는 순간부터 그 기업은 소리 없이 흔들리기 시작하여 쇠퇴의 길을 걷는다는 사실이다. 요컨대 기업이 강해지면 강해질수록 자사의 장점이 무엇인가를 겸허하게 되짚어 보고 그것을 더욱 보강해 나가는 슬기가 경영자에게는 필요하다.

　미국의 디스카운트 스토어의 최대 강자로 군림한 기업이 월 마트이다. 이 월마트의 창업자인 섬·월튼이 쓴 자서전 「로 프라이스 에브리데이」에는 월튼 사장의 훈도(薰陶)를 받은 어느 종업원의 이야기가 실려져 있다. 그 중 한 대목을 인용해 본다.

　「나는 월튼 사장의 이야기를 좀처럼 잊지 못한다. 그는 늘 되풀이하여 하는 말이 '경쟁자에 대해서는 철저한 조사를 하라! 어느 특정인에게 국한하지 말고 모든 사람에게 하도록 하라. 그리고 그들의 결점만을 찾아내지 말고 그들의 장점을 찾아내는 데 힘써라. 만일 당신이 그들의 좋은 점을 단 한 가지 만이라도 본받는다면 그때부터 당신은 새로운 사람으로 변할 것이다. 나는 본래부터 상대방의 잘못에 대해서는 관심이 없다. 단지 그들의 좋은 점에만 흥미를 나타낼 뿐이다'라고 사장님은 말씀하셨다.」

이처럼 강한 회사인데도 라이벌로부터 배우는 자세를 잃지 않고 있다. 미국의 자동차 메이커들은 일본의 도요타 생산시스템을 배우고 나서야 분발했다. 오늘의 우리 기업들은 끊임없이 변화의 안테나를 곧추세우고 개혁과 씨름해야 한다. 이용할 것은 이용하고 활용해야 할 것은 철저히 활용해야 한다. 오늘날 컴퓨터나 통신기술의 발달은 기업조직의 인프라(infrastructure : 사회적 생산기반)를 크게 바꾸어 놓았다. 마이크로 소프트사가 대기업으로 성장하는 과정에서 개발담당자와 회장이 직접 컴퓨터에 의한 전자메일로 일상적인 대화를 주고받았다고 하는데 이것은 하이테크 시대의 경영도구를 효과적으로 잘 활용한 하나의 예라고 하겠다.

현대는 리얼타임의 매니지먼트 시대이다. 동시처리로 입수된 정보를 바탕으로 경영을 보다 빠르게, 효율적으로 움직여야 한다. 지금은 과거에 비해 경영의 스피드화가 높아졌다. 그렇다면 정보통신 기술을 바탕으로 어떤 식의 조직을 만들어야 하는가? 이것 또한 기업의 성공과 몰락을 좌우하는 갈림길이라고 하겠다.

♣ You don't just wait for information to come to you.
「정보가 찾아오는 것을 멍청하게 기다려서는 안 된다」
　　　　　　　　　　　　　—로버트·H·워터맨(미국의 경영 컨설턴트)

# 98 마이크로 소프트사를 배워라!

  1975년, 하버드 대학 재학시절, 몇 사람의 친구와 뜻을 같이하여 오늘의 마이크로 소프트사를 창업한 빌 게이츠 회장은, 기술력 하나만으로 그토록 거대한 제국(帝國)을 이루어낸 것은 아니다. 여기에는 그의 강력한 경영능력이 뒷받침되어 있음을 알아야 한다.

  그는 때로는 사원들을 매몰차게 몰아세우기도 했으며, 참아내기 어려운 불호령까지도 서슴치 않았다. 그러나 그의 밑에는 충성스런 사원들이 존재해 있었다. 이들은 자신들을 혹사하는 회사의 노동정책까지도 불평 없이 감수했던 것이다. 마이크로 소프트사는 그야말로 상식밖의 집단이었다. 그렇다면 빌 게이츠는 어떻게 「Bill-centric(빌 중앙집권제)」을 구축할 수가 있었을까?

  마이크로 소프트사는 전혀 조직계층이 존재해 있지 않는 것처럼 보인다. 그 까닭은 정보나 커뮤니케이션이 전자메일을 통해 최대한으로 활용되고 있었기 때문이다. 게이츠 회장은 매일 하루에 100~200통에 가까운 메시지를 직접 접수한다. 그는 이 엄청난 메시지를 꼼꼼히 살펴본 다음 중요하다고 느껴진 것은 일일이 회신을 보낸다. 이에 소요되는 시간은 자그마치 2시간 정도가 걸린다. 물론 누구든 게이츠 앞으로 메일을 보낼 수 있는 특권이 있다. 그래서 빌 게이츠 회장은 조금도 여과되지 않은 산 정보를 마음껏 입수할 수가 있다. 뿐만 아니라 100개 이상이 되는 제품개발팀을 게이츠가 직접 통괄하는데 때로는 제품컨셉트까지 바꾸거나 잘못된 프로그램을 지적해 주기도 한다. 그리고 게이츠 회장이 평소 사원들에게 주문하는 요구사항은 늘 한결같다. 그것은 「최고의 제품으로」, 「빠르게」, 「라이벌을 따돌린다」는 것이다.

또 게이츠 회장과의 정보교환이나 의사소통은 전적으로 전자메일로써 이루어진다. 그래서 이 회사에는 정기적으로 개최되는 회의가 없다. 그리고 업무가 순조롭게 진행되는 동안 게이츠 회장은 불필요한 간섭이나 잔소리를 아낀다. 이런 상황에서 모든 사원들은 한눈을 팔지 않고 자신에게 주어진 일에만 몰두한다.

간혹 문제가 발생하면 즉시 프레임메일(flame mail:노여움의 편지)이 날라든다. 제아무리 초인적인 게이츠 회장이라도 백개 이상의 프로젝트팀에 전부 관여한다는 것은 불가능한 일이다. 중요한 것에 대해서는 시간을 경사배분(傾斜配分)하여 관리하되 그밖의 것은 IBM에서 이적해 온 메이플스 집행부 부사장에게 일임하고 있다. 참으로 배울 점이 많은 경영수법이다.

♣ All business proceeds on beliefs, or judgments of probabilities, and not on certainties.
「모든 비즈니스는 확실성이 아니라 신념과 판단과 개연성에 바탕을 두고 추진된다」
—찰스 · W · 엘리옷(하버드 대학 학장)

99 강한 기업이 되려면…

지난날, GM(제너럴 모터스)의 경영방식을 관료주의 경영이라고 호되게 비판하여 미국 내에서 큰 화제를 불러일으켰던 로스펠로는 일본기업을 가리켜 「오만과 자기만족에 도취된 자들」이라고 혹평했다. 그렇다면 그가 우리나라 기업을 평한다면 과연 무엇이라고 말할 것일까? 아마도 로스펠로의 말을 빌린다면 한마디로 「무기력하고 무정견한 기업」이라고 비하(卑下)할께 틀림없다.

무릇 인간이, 인간구실을 하지 못하면 사람들로부터 손가락질을 받듯이, 기업도 기업다운 경영을 하지 못하면 소비자의 눈밖에 날 것이 뻔하다. 기업이 고객들로부터 사랑과 신뢰를 받으려면 고객의 이익을 추구하는 강한 기업이 되어야 한다. 고객이 원하는 것이 무엇이며, 고객만족을 위해 어떻게 해야 하는가를 정확히 꿰뚫고, 그 해결책을 서두르는 것이 기업의 본연의 자세라고 하겠다. 그러나 정답을 이끌어 내기란 그리 쉬운 일이 아니다.

지금 우리 기업들은 심각한 번뇌의 소용돌이에서 고민하고 있다. 급격한 환경변화와 여건의 변동으로 교과서적인 방법은 아무 소용이 없게 되었다. 우선 시급한 과제는 국내산업을 비롯하여 해외산업의 기본틀을 부수고 새 틀을 짜야 하는 구조

개혁의 필요성에 쫓기고 있다. 낡은 패턴을 그대로 유지하면서 새것을 수용한다는 것은 너무도 괴리가 크다. 그리고 당장 발등에 떨어진 불은, 변질된 소비자의 의식구조의 영합이다. 그 하나의 단적인 예가 「허구지향」에서 「실질지향」의 소비패턴의 변화이다.

미국의 당치도 않은 통상압력 때문에 이미 우리는 많은 것을 잃었다. 자동차 킬러라고 할 외제승용차가 속속 이 땅에 상륙하는가 하면 마이크로 소프트사를 비롯, 인텔사 등이 하이테크 제품을 앞세워 만만치 않은 공세를 취하고 있다. 요컨대 고용을 보장하는 것은 기업의 전통이나 규모가 아니라 바로 경쟁력인 것이다. 그래서 강한 기업, 강한 제품이 되지 못하면 많은 실업자를 배출할 수밖에 없다.

그렇다면 강한 기업이 되기 위한 키워드는 무엇인가? 그것은 코어 컴피턴스(core competence:핵(核)이 되는 능력), 커스터머 포커스(customer focus:고객중시), 스피드(speed:신속성)이다. 각 기업들은 자사의 핵이 되는 힘이 무엇인가를 탐지하고, 그곳에 경영자원을 집중적으로 쏟아부어야 한다. 그리고 뛰어난 순발력과 스피드도 필요하다. 이 경영의 3박자가 잘 맞아떨어질 때 우리 기업은 강해질 수가 있다.

> ♣ The company with the second best organization ends up second place in the market
> 「넘버투의 조직회사는 결국, 시장에서도 넘버투밖에 되지 못한다」
> —D·웨인·캘로웨이(펩시코 최고 경영자)

기업의 사회적 책임

자유주의 시장경제 체제하에서는 약육강식의 룰이 비정(非情)하리 만큼 가혹하게 적용된다는 사실을 알아야 한다. 일단 시장경쟁에서 패하면 그 기업은 무참히도 나락(奈落)의 지옥으로 곤두박질 친다. 그리고 탈락의 형태도 기업이 산산조각이 나든가 아니면 강자기업에 흡수합병되어 종살이를 감수해야 한다. 참으로 생각조차도 하기 싫은 치욕적인 말로(末路)이다.

그러나 강자의 기업은 끄덕도 없이 보인다. 그렇다면 강자는 영원한 생존을 누릴 수 있는 것일까? 그건 결코 아니다. 기업을 도산으로 몰아가는 원인은 주로 경제적인 여건이나 환경이 원인이 되지만, 이에 못지않게 경영자의 기업운영능력도 크게 작용한다. 비록 사양산업이라 해도 업종전환에 성공한 경영자가 있는가 하면 성장산업에 속해 있지만 경영의 부실이나 각종 스캔들에 휘말려 회사를 죽음으로 몰아넣는 경영자도 있다.

우리나라 기업은 6.25의 폐허를 딛고 일어선 불운의 기업들이다. 그동안 수많은 회사들이 샛별처럼 떴다가 운석처럼 사라지곤 했다. 참으로 희비로 점철된 영욕(榮辱)의 역사를 지녀왔다. 이같은 과정에서 외압이나 정세의 시련을 극복하지 못하고, 오랜 역사와 전통을 자랑하던 대형기업이 하루아침에 맥없이 침몰하는 경우도 있었다. 기업의 흥망성쇠는 비단 우리 기업만이 아니다. 외국의 경우도 마찬가지다. 다만 최선을 다하다가 임종하느냐가 문제일 뿐이다.

　야마이치(山一) 증권은 창업 100주년을 눈 앞에 둔 일본 증권업계 굴지의 매머드 기업이다. 해마다 취직시즌이 되면 명문대학 출신의 엘리트족이 군침을 삼키는 선망의 기업인데 이같은 회사가 97년 11월 22일 자진폐업이라는 쇼킹한 뉴스를 전국의 미디어망을 통해 쏟아냈다. 야마이치 증권의 몰락은 전 일본열도를 충격의 도가니로 몰아넣었다. 게다가 부도덕한 행위는 야마이치의 양심까지 먹칠했다. 그것은 파산의 패착(敗着)을 두기 전날까지도 전국의 고객을 속였다는 점이다. 「야마이치의 주가는 일시적이나마 하락했지만 곧 우량주로 바뀐다」는 터무니없는 속임수 때문에 A라는 베테랑급 영업사원은 도산이 턱 밑에 다다른 11월 21일 하루 동안에 중진고객 10여명에게 주당 128엔으로 무려 30만주(시가 약 3,800만엔)의 야마이치 주식을 팔았던 것이다. 뿐만 아니라 많은 사원들은 있는 돈 없는 돈을 긁어모아 자사주 매입에 나섰다. 결국 야마이치 경영진은 선량한 사원들의 피와 살까지 먹어치운 부도덕까지 서슴치 않았다. 후안무치의 악덕상인의 표본을 보는 듯하여 많은 사람들의 마음을 아프게 했다.

♣ Nothing is more dangerous than an idea when it is the only one you have.
「그 생각밖에 할 수 없다는 사고만큼 위험한 것은 없다」
—에밀·샤르체(프랑스의 철학자)